KB143699

18세 이전에 알아둬야 할

생애 첫 돈 공부

18세 이전에 알아둬야 할

생애 첫 돈 공부

라이프 포트폴리오 지음

1장

아이를
부자로 만드는
기초 금융 지식

내 아이의 평생을 든든하게
만드는 현명한 금융교육

한국 사회에서는 아이 1명당 필요한 양육비가 3억여 원 정도이며 교육비가 총양육비의 30~50%를 차지한다. 많은 부모가 자녀의 사교육비, 진로 탐색비, 대학(원) 학비, 어학연수비, 결혼 자금 등을 어렵게 마련해나가는 과정에서 깨닫는다. 좀 더 일찍 가계 재정을 제대로 파악하지 못한 점, 계획적이고 합리적으로 운영하지 않은 점 그리고 제대로 된 투자 활동을 하지 않은 점 등을 말이다. 자녀에게만큼은 제대로 된 금융교육을 해 부모의 전철을 되밟게 하지 말아야겠다는 마음을 먹어보지만 어디서부터 어떻게 시작할지 막막하다.

부모가 어릴 때 겪었던 경제적인 압박감을 자녀에게 물려주고 싶지 않은 마음, 내 아이만큼은 원하는 것을 다 해주고 싶은 마음, 금융

지식이 부족해서 투자 활동에 대해 가졌던 막연한 두려움이 자녀의 금융교육을 소홀히 만들거나 미루게 했다. 그러나 우리나라 신용불량자의 25%가 아직 사회생활을 시작하지 않은 10대이거나 갓 시작한 20대라는 뉴스는 부모들에게 경종을 울린다. 어렸을 때 합리적인 경제 습관이 몸에 배어 있지 않다 보니 성년이 된 후에 문제가 되는 것이다. 요즘 대부분 부모가 신용카드로 결제를 하다 보니 아이들은 카드만 있으면 무엇이든 살 수 있다고 잘못 생각한다.

'돈 생각은 하지 말고 공부나 열심히 해!', '주식 투자하면 집안 망한다.', '빚질 생각은 꿈에도 하지 마라.' 등과 같이 어릴 때부터 반강제적으로 주입받고 자란 아이들은 '돈'에 대한 개념이 없거나 예산, 신용, 투자와 같은 금융 활동에 대한 중요성을 전혀 깨닫지 못하고 성인이 되어 재정적 어려움에 부딪히게 될 가능성이 높다. 한 인터뷰에서 K씨는 고교 졸업 뒤 가장 아쉬웠던 것이 돈과 노동에 관한 개념을 잘 모르고 사회생활을 시작한 것이라고 했다. 돈을 모으고 불리는 법, 신용 등급 관리하는 법 등을 미리 배웠다면 이렇게 금융관리가 힘들고 어렵게 느껴지지는 않았을 것이라고 했다.

어느 부모도 내 아이가 불행하고 인색한 부자가 되기를 바라지 않을 것이다. 장차 내 아이가 스스로 벌어들인 돈을 잘 관리하고 소비를 조절해 안정된 삶을 살아가도록 하기 위해서는 어렸을 때부터 금융에 대한 지식과 이해력을 일깨워주고 올바른 경제 습관을 만들어주는 것이 중요하다. 금융에 관한 조기교육은 한순간에 이루어지지 않는다. 장기간 꾸준히 학습해야 효과를 얻을 수 있다. 젓가락질하는 법, 세안하는 법, 옷 입는 법을 터득하기 위해 어릴 때부터 무수히 연습하듯이 경제 습관도 3~4세부터 서서히 생활 속에서 길들여야 한다. 18세 이전에 몸에 익힌 경제 습관이 평생의 금융 습관을 좌우한다고 한다. 내 아이의 평생을 든든하게 만드는 현명한 금융교육, 지금부터 시작해보자.

연령별 알아야 할
금융 지식

돈을 쌓아두기만 해서 부자가 되는 시대는 지났다. 이제는 돈을 버는 것만큼이나 잘 쓰고 잘 관리하는 것이 무엇보다 중요한 시대다. 조금 더 빨리, 체계적인 금융교육에 대한 관심이 커지고 있는 요즘, 현명하게 소비하고 절약하는 아이로 키우기 위해 어떤 금융교육을 해야 할까?

전문가들에 의하면 유치원생이든 고등학생이든 아이는 언제나 그 연령 시기에 필요한 경제 관련 조언을 부모에게 구한다고 한다. 제때 하는 가정 내 금융교육이 아이에게 크게 영향을 미치는 만큼, 아이의 연령에 맞춘 '눈높이' 금융교육이 필요하지 않을까?

3~5세 '돈을 경험하기'

3~5살 아이들의 경제 개념은 아주 단순하다. 100원짜리 동전과 500원짜리 동전을 보여주고 고르라고 하면 500원짜리를 고른다. 왜냐하면 크기가 더 크기 때문이다.

이 시기에는 너무 많은 것을 바라지 말고 아이가 손으로 직접 돈을 만져보도록 하고, 아이에게 이 돈과 다른 물건을 바꿀 수 있다는 사실만 인지시켜도 반은 성공이다. 자동판매기에 동전을 넣어보게 하거나 물건을 살 때 직접 돈을 내도록 하는 것도 좋고, 은행 놀이를 하면서 100원, 500원, 1,000원의 차이점에 대해 자연스럽게 알게 하는 것도 좋다.

6~7세 '용돈의 시작'

이 시기는 아직 돈에 대한 감각이 뚜렷하지 않기 때문에 절제력이 없는 시기다. 그래서 아이에게 일정 액수의 용돈을 주 단위로 주기 시작해야 한다. 자신이 한 주 동안 쓸 수 있는 돈에 대한 감각을 익히고 정해진 액수만큼만 소비하려는 계획과 절제력을 키워주는 단계다. 또한 노동의 대가를 알려주는 것도 좋은 방법이다. 빨래 개기,

신발 정리, 화분 물주기 등 아이에게 적합한 집안일을 맡기고 이에 대한 대가를 주어 용돈을 벌 수 있는 기회를 만들어주자.

8~12세
'은행에 데려가기'

은행이 하는 일을 알려주면 좋을 시기다. 예금 통장을 만들고 목표를 세워 도달할 때까지 저금을 해보도록 권할 수 있다. 목표는 평소 갖고 싶었던 장난감이 될 수도 있고 기부를 하게 하는 것도 좋다. 자신이 정한 목표를 이루게 되면 노력에 대한 보상을 깨닫게 될 것이다. 특히 이 시기부터는 '용돈기입장'을 쓰는 습관을 길러주면 좋다. 지난 소비를 파악해 다음 지출을 예상해보는 판단 과정이 아이들에게 재미로 다가갈 수 있게 신경 써주면 된다.

13~16세
'부모의 통제권을 보여주는 시기'

이 시기는 미디어 속 광고와 친구들의 이야기에 많은 영향을 받는다. 부모는 아이에게 주는 용돈을 언제든 통제할 수 있다는 것을 알려줘야 한다. 용돈을 차차 늘려가면서 물건을 구입할 수 있는 재량을 넓혀주되, 몇 만 원 이상을 지출해서는 안 된다는 한계를 분명히 알려줘야 아이가 절제력을 기르도록 도와줄 수 있다.

17~19세
'현금의 소중함을 일깨워주는 시기'

청소년일지라도 '신용카드는 곧 돈'이라는 개념이 피부로 와 닿지는 않을 것이다. 성인이 됐을 때 카드를 잘 사용할 수 있도록 하려면 이 시기에 현금의 소중함을 반드시 일깨워줘야 한다. 따라서 아이에게 체크카드를 만들어주고 필요한 만큼의 현금을 ATM에서 직접 찾아 쓰도록 해보자. 또 방학을 이용해 가벼운 아르바이트를 해보도록 권하는 것도 좋다. 자신이 직접 번 돈을 저금해보고 또 필요할 때 현금을 찾아 쓰도록 해 현금의 소중함을 일깨워준다.

21세 이상
'경제적 독립을 위한 준비 시기'

대학을 졸업할 때쯤이나 혹은 용돈을 직접 벌어서 쓰기 시작했다면, 자신의 이름으로 된 신용카드를 신청할 준비가 된 것이다. 이 때, 주의할 점은 절대 부모 이름으로 신용카드를 만들어주거나 아이의 신용카드가 부모의 계좌에서 결제되도록 한다거나 신용카드에 공동으로 서명을 해주어서는 안 된다. 완전히 독립시켜 경제적 독립에 한 발짝 나아갈 수 있도록 하자.

청소년 체크카드 발급에 관한 완벽 정보

1. 체크카드 발급 가능 연령은 만 12세 이상이다. 단, 만 12세와 만 13세의 경우에는 보호자가 대신 발급해주거나 보호자가 동행해야 발급받을 수 있다. 만 14세 이상이 되면 혼자서 청소년증, 여권, 주민등록초본 중 하나를 지참해서 카드사나 은행을 방문하면 발급받을 수 있다.

2. 만 12~13세의 경우, 일일 결제한도 3만 원, 월 결제한도 30만 원 이내 라는 사용한도가 설정되어 있다. 만 12~18세 청소년의 체크카드에 탑재된 후불교통카드의 한도는 월 5만 원으로 제한되어 있다. 청소년의 무분별하고 과도한 체크카드 사용을 막을 수 있도록 한도가 설정되어 있으므로 부모들은 안심하고 아이들에게 체크카드를 발급해줄 수 있다.

3. 아이들이 교통카드 대금을 제때 내지 못해도 연체정보가 카드사나 신용평가 기관에 넘어가지 않아 아이들의 신용도에 영향을 미치지 않는다. 그러나 연체 이자가 발생하거나 전액 상환할 때까지 카드 이용 정지라는 불편함을 겪어야 하니 체크카드의 적절한 사용에 대한 사전 교육이 필요하다.

4. 체크카드 사용 후 사용내역을 알려주는 문자 알림 서비스를 신청하도록 하자. 만약 아이가 사용하지도 않은 지불에 대한 문자 알림을 받으면 즉시 카드사나 부모에게 알리도록 한다. 아이가 아직 어려 여전히 체크카드 사용이 불안하다 면 알림기능을 부모 핸드폰 번호로 설정하는 것도 하나의 방법이다.

5. 아이가 체크카드를 분실한 경우, 즉시 분실신고를 접수하거나 부모에게 알리 도록 주지시켜야 한다. 또한 친구나 모르는 사람에게 체크카드를 빌려주지 않 도록 주의시켜야 한다. 아이에게 체크카드의 사용법과 주의점을 평소에 잘 알 려주는 것이 체크카드 금융사고를 예방할 수 있는 가장 안전한 방법이다.

현명한 부모는 아이를
스스로 변하게 한다

───

✦

아이들은 부모의 행동을 지켜보고 배운다. 아이의 금융 롤모델은 바로 부모임을 기억하자. 신용도가 높은 아이로 키우려면 부모 스스로 생활 속에서 모범을 보이는 것이 중요하다. 너무나 당연하게 들리겠지만 부모가 생활 속에서 보여주는 모습만큼 훌륭한 교육은 없다.

부모가 평소에 약속시각에 맞춰 나가고 공과금과 신용카드 대금과 같은 비용을 제때 납부하며 자녀와의 약속을 잘 지켜왔다면, 아이도 다른 사람으로부터 신뢰받고 금융기관으로부터 신용도 높은 성인으로 자라날 확률이 높다. 특히 아이에게 정해진 날짜에 용돈을 주지 않고 용돈지급일을 자주 어기거나 정해진 금액을 주지 않는다면 아이들은 돈에 대한 약속이 중요하지 않은 것이라고 여기게 된다. 그렇게 되면 돈을 빌리고 거래를 하는 과정에서 신용이 얼마나 중요한지 알지 못한다.

아이가 예산을 잘 세워서 현명하게 소비하고 신용도 높은 금융 생활을 하게 하려면, 약속의 중요성을 말이나 지식으로 가르치려고 하기보다 행동으로 보여주고 아이의 몸에 배도록 하자. 현대 사회는 '신용 사회'라고 해도 과언이 아니다. 신용 사회에서는 신용 관리가 가장 중요하다.

부모가 아이의 미래다

부모는 자녀의 가장 가깝고도 영향력 있는 롤모델이다. 부모가 모르는 사이에도 아이들은 항상 부모를 지켜보고 있다. 슈퍼마켓에서 가격표를 비교할 때도, 부모가 가계부를 쓰고 있을 때도 아이는 부모의 행동을 배운다. 부모가 규칙적으로 저축하고 합리적으로 소비하는 모습을 보고 자란 아이는 부모가 '해야 할 것', '하지 말아야 할 것'을 굳이 설명하지 않아도 본능적으로 이해하고 자기 것으로 받아들인다. 애써 가르치려 하지 말고 부모의 금융 생활을 자연스럽게 지켜보며, 느끼고 배우고 따라 하게 하라. 부모가 아이의 금융 롤모델이자 컨설턴트다.

대화는 가장 완벽한 교육이다

아이에게 돈에 관한 이야기는 어려서부터 하는 것이 좋다. 돈에 대해 자주 듣다 보면 아이들은 돈에 대한 신비감이나 두려움이 사라질 것이다. 그래야만 돈과 관련된 중요한 결정을 해야 할 때 현명한 선택을 할 수 있다. 저축을 시작한 아이에게는 저축과 관련된 질문을 던져보자. "이번엔 저축해서 뭘 사고 싶어?"와 같은 질문은 아이에게 돈에 대해 긍정적이고 장기적인 안목을 갖게 해준다.

아이와 돈에 관한 이야기를 나누는 것이 좋다고 생각해서 아이들 앞에서 반복적으로 집안 경제사정이 좋지 않다고 푸념을 하는 것은 좋지 않다. "너 키우려고 아빠 엄마가 얼마나 힘들게 일하는지 아니?"라는 식으로 아이에게 말한다면 아이는 위축될 수도 있다.

간혹 어려운 집안사정을 아이에게 말하면 아이가 눈치 보게 될까 봐 절대 말하지 않는 부모들도 많다. 어려운 집안 형편을 애써 감출 필요는 없다. 있는 그대로의 재정 상태를 보여주고 아이에게 힘든 가계형편에 대해 솔직하게 알려주는 것이 좋다. 가령 "요즘 우리 집 생활비가 많이 부족하단다. 그래서 아빠 엄마는 어떻게 이 문제를 해결할지 고민 중이야."라는 식으로 현재의 상태를 알려주는 것이 좋다. 아이에게 부모가 얼마나 힘들게 돈을 벌어오는지 알려주고 싶다면 아이들을 부모의 직장에 데려와서 일하는 모습을 보여주자.

많은 부모가 스스로 금융지식이 부족하다고 여긴다. 가정을 이루어도 아직 금융에 대한 가치관을 제대로 세우지 못한 경우도 많다. 이 때문에 아이들에게 돈에 대해 언급하거나 가르치는 것을 두려워하는 경우도 부지기수다. 하지만 그동안 살아오면서 경험하고 느낀 것만으로 아이에게 충분히 금융교육을 할 수 있다. 내 아이가 용돈을 관리하게 하고 저축하는 습관을 길러주는 것부터 시작하자. 세상의 그 어떤 유산보다 더 강력한 선물이 될 것이다.

부모는 아이의 거울이다

아이가 어느 날 과소비를 하고 있다면 부모의 소비를 돌아볼 필요가 있다. 앞서 말했듯이 아이는 부모의 행동을 보고 배운다. 부모가 과소비를 하고 있다면 아이도 부모의 소비습관에 따라 과소비를 하고 있을 가능성이 높다. 오히려 이 기회에 부모의 잘못된 소비 습관은 없는지 돌아볼 기회로 삼아보자. 과소비는 소득을 넘어서는 소비나 소득에 비해 지나치게 많은 소비를 뜻한다. 소득 수준을 고려해 소비 규모를 계획한다면 과소비는 발생하지 않는다.

문제는 계획 없는 소비와 충동적인 소비다. 홈쇼핑을 보다가 저렴한 물건이 나오면 바로 구매하지는 않은지, '1+1', 'N% 할인'과 같은 문구를 보면 안사면 손해인 것 같은 기분에 자신도 모르게 구매 버튼을 누르는 것은 아닌지 생각해보자. 물건을 저렴한 가격에 구매했다면 합리적 소비를 한 것이지만 필요하지 않은 물건을 단지 저렴하다는 이유만으로 구매한다면 바로 과소비를 한 것이다.

필요할 때 필요한 만큼만 사자. 그것이야말로 정가를 주고 사더라도 합리적인 소비를 한 것이다.

다음으로 아이를 위한 소비에 관해서 돌아볼 필요가 있다. 맞벌이 부부의 경우, 아이가 원한다면 다 사주는 부모가 있다. 아이에게 관심을 쏟지 못한다는 것에 대한 죄책감 때문이다. 하지만 이러한 행동이 결국 아이에게 좋지 않은 소비 습관을 들게 하는 것이다. 아이가 원한다고 무조건 사주는 것보다 계획적으로 소비하는 모습을 보여주는 것이 오히려 아이를 위한 것임을 잊지 말자.

아이를 부자로 키우는
'기업가정신'

기업가란 기존에 없던 것에서 어떤 가치나 기회를 발견해 내서 기업을 세운 사람들이다. 실패의 위험을 감수하면서도 그 새로운 기회나 가치를 놓치지 않고 도전하여 혁신적인 새로운 제품과 기술을 생산해 냄으로써 일자리를 창출해내고 경제를 발전시키며 더 나은 세상으로 사람들을 연결해주는 일을 하는 사람들이다. 최근에는 기업의 사회적 책임이라는 역할을 훌륭하게 해내는 기업가들 덕에 존경받는 직업 중의 하나로 인정받고 있다.

이런 기업가들에게 요구되는 자질이 '기업가정신'이다. 기업가정신이란 새로운 가치 창출을 위하여 과감히 도전하는 혁신적이고 창의적인 정신을 말한다. 세상을 긍정적으로 변화시키고 더 나은 미래를 만들어나가기 위해 꼭 필요한 부분이기 때문에 기업가정신은 우리 아이들이 자라서 '창업'을 하지 않아도, 'CEO'나 '사장'이 되지 않아도 꼭 필요한 부분이다. 아이들이 자라서 어떤 직업을 갖게 되든 변화하는 환경에서 가치를 재발견하고 문제를 해결하는 힘을 길러주어 자신의 삶을 주도적으로 살아가는데 큰 도움이 되므로 기업가정신은 일찍 습득할수록 좋다.

그렇다면, 왜 어릴 때부터 기업가 정신을 키워야 할까? 기업가 정신은 아이들에게 개인적으로 그리고 직업적으로 성장할 수 있게 도와준다. 창의적이고 도전적이며 혁신을 추구하는 과정을 통해 살아가는 데 꼭 필요한 생활의 기술을 가르쳐주기도 한다. 기회를 알아채고 문제에 대한 다양한 해결책을 찾아내는 '생각하는 방법'이기 때문에 아이들이 살아가는 세상 어디에나 필요하고 적용될 수 있다. '생각하는 방법'은 오랜 시간을 두고 많은 훈련을 통해 만들어지는 것이므로 우리 아이가 기업가처럼 생각하는 방법을 몸에 배게 하려면 많은 연습과 경험이 필요하니 어릴 때부터 기업가 정신을 키워나가는 것이 중요하다.

기업가정신은 '창의적', '진취적', '도전적', '자율적', '문제해결력'과 같은 단어를 연상시킨다. 모두 추상적인 단어라 내용을 구체적으로 이해하고 현실에 적용하는 게 쉽지만은 않아 보인다. 아이에게 기업가정신을 길러주기 위해서는 아이에게 맞는 구체적인 방법이 필요하다.

어릴 때부터 금융교육은 필수

기업가정신을 키우기 위해서 가장 먼저 필요한 것은 돈에 대한 '개념'과 '가치'를 깨닫게 하는 것이다. 지금 아이가 저축하는 습관을 기르게 하고 현명하게 소비하며 자신의 노력으로 돈을 벌고 예산을 짜서 계획대로 쓰게 했다면 내 아이는 기본 자격을 갖췄다. 여기에 투자에 대한 개념과 신용에 대한 중요성까지 알고 있다면 기업가정신을 향해 한 발 더 가까이 다가선 것이다. 그렇다면 아이의 금융교육 과정에서 기업가정신을 어떻게 키울 수 있을까?

아이가 홈 아르바이트로 돈을 벌 때, 부모가 나서서 "이 일을 해라, 저 일을 해라, 얼마를 줄게."라고 말하지 말자. 아이가 돈을 버는 일 자체보다 먼저 돈을 벌기 위해 집안일을 할 것이 없는지 기회를 찾게 해야 한다. 아이가 주변을 탐색하게 해 자발적으로 일을 찾는 습관을 기르게 하자.

"엄마, 창문이 더러운 것 같아요, 닦을 때가 된 것 같아요."

"오, 그렇게 생각하니? 창문을 닦았을 때 얼마를 주면 좋을까?"

"3,000원이요. 창문을 닦는 것은 다른 집안일보다 더 시간이 오래 걸리고 힘드니까요."

아이가 값을 정하게 하고 그 이유를 설명하게 한다면, 아이는 상품의 가치를 정하고 상대방을 합리적으로 설득할 수 있는 논리를 갖추며 성장할 것이다.

이 때, "3,000원은 너무 많고 2,000원이 적당하겠는데?"라고 말해보자. 아이는 부모의 생각을 듣고 자신의 논리를 다시 점검하며 합의에 이르는 과정을 거치면서 더 나은 가격을 협상하는 능력을 키울 수 있다.

아이에게 '질문'을 많이 하자

아이들은 자라면서 교육과 매스컴의 영향으로 사고가 획일화되는 경향이 있다. 아이들에게 사소한 것이라도 질문해서 호기심을 불러일으키고 생각해보게 하자.

"구름은 왜 동그랗지 않을까?"

"꽃은 왜 색깔이 다를까?"

"사람은 왜 팔이 2개일까?"

아이들이 이런 질문들에 얼마나 창의적으로 답하는지 들어보면 놀랄 것이다. 아이들의 답에는 정답이 없다. 아이들이 생각하는 것을 전달하는 방식이 중요할 뿐이다. 아이들의 호기심을 일깨우도록 끊임없이 질문하자. 부모에게 질문을 많이 받고 자란 아이들은 누군가로부터 질문받는 것을 두려워하지 않는다. 그리고 그 질문에 대한 답을 찾아가는 과정에서 창의성이 넘치고 기발해진다. 아이와 외식할 때도 질문해보자.

"오늘 간 식당의 음식 맛은 어땠니?"

"어떤 서비스를 받으면 기분이 좋아?"

"레스토랑 주인이 된다면 직원에게 어떻게 하라고 교육할 거야?"

"어떤 종업원이 제일 마음에 들었니?"

아이와 마트에서 장을 볼 때도, 여행을 갈 때도 끊임없이 질문을 던져보자. 기업가는 생활 속의 작은 가치도 놓치지 않고 찾아내서 그 크기를 키워간다. 아이가 꾸준히 질문하는 습관, 호기심으로 어린 눈으로 세상을 바라보는 시각은 사람들에게 필요한 것이 무엇인지, 어떻게 해결할지, 어떻게 설득할지, 어떻게 경쟁에서 이길 수 있을지에 대한 답을 주도적으로 찾는 힘으로 이어진다.

생활 속 작은 불편함을
스스로 해결하게 하자

사람들은 불편을 느껴도 그냥 넘어가는 경우가 많다. 아이에게 생활에서 불편하다고 느낀 것이 있으면 무엇이 문제인지, 어떻게 하면 해결할 수 있을지 생각해보고 그 방법을 찾아보게 하자. 불편함을 해결하기 위해 신중하게 관찰하고 이를 해결하기 위해 창의적인 사고를 하게 될 것이다. 가령 아이가 놀다가 넘어져서 무릎에 상처가 나거나 팔꿈치에 피를 흘린 적이 있을 것이다. 빨간 소독약은 피같이 보이기도 하고 줄줄 흘러내려 보기에 좋지 않다. 그렇다고 밴드를 붙이면 뻑뻑해서 움직이기 불편하고 물에 닿으면 금방 떨어지기도 한다.

'밴드는 원래 그런 거지.' 하고 무심히 넘기던 작은 불편함을 그냥 넘어가지 않고 미국의 7살 소녀가 해결했다. 키오와 카버빗Kiowa Kavovit은 매니큐어처럼 바르는 액체 밴드 부부구Boo Boo Goo를 개발해 10만 달러의 투자금을 얻는 데 성공했다. 역대 최연소 창업가가 된 소녀처럼, 기업가정신은 이렇게 생활의 작은 불편함을 해결해보려는 노력에서 더욱 크게 키울 수 있다.

아이의 취미나 경험에 대한
열정을 키워주자

　기업가정신은 아이들이 좋아하는 취미나 일상의 경험에서도 키워줄 수 있다. 아이가 쉬는 시간에 무엇을 하는지, 관심사가 무엇인지 유심히 살펴보자. 아이가 어떤 것에 능숙하거나 전문 지식을 갖추고 있다면 기업가가 되거나 비즈니스를 창출해내기 쉽다. 로봇이나 게임에 대한 아이의 무한한 사랑을 놀이로만 생각하지 말고 그 열정을 응원해주자.

　그림 그리기, 사진 또는 영상 촬영, 음악, 스포츠 등등 어떤 열정도 아이의 직업 선택을 위한 기본 자질이 될 것이다. 기업가정신은 자신이 좋아하는 분야에 대한 열정에서 출발하니 해당 분야에서 아이디어를 찾도록 도와주자. 사업성과 관련이 없다고 해도 관심이 뒷받침된 경험은 아이들이 독립적으로 생각하는 힘을 키워준다.

　일상의 경험에서도 그 열정을 키워줄 수 있다. 아이가 벼룩시장에서 물건을 파는 경험을 하게 된다면 아이에게 판매할 물건과 가격을 정하게 하고 다른 판매자와의 경쟁에서 어떻게 하면 좋은 결과를 낼 수 있을지 함께 상의해보자. 어떤 아이는 '내가 5살에 누나에게 선물받은 곰 인형'이라고 예쁘게 써서 붙여놓자고 할 것이다. 이런 식의 스토리가 담긴 물건이 사람의 마음을 움직인다는 것을 경험하게 된다.

이 작은 경험들은 어른이 되어서도 사람의 마음을 움직이는 힘의 토대가 된다. 다양한 경험을 통해 경제적 사고 능력을 키워준다면 아이들은 스스로 미래를 개척해나가는 자립심과 도전정신을 갖춘 기업가로 자랄 수 있다.

아직 내 아이가 특별한 취미가 없다고 해도 크게 걱정하지 말자. 아이가 '아무것도 하지 않는 날'을 정해보는 것도 좋다. 부모가 보기에 멍하게 있는 것처럼 보이지만 아이는 창의력을 키우기 위한 자기만의 시간을 보내는 중이다. 어릴 때부터 너무 바쁜 일상에 쫓기게 하지 말고 아이가 정말 좋아하는 분야를 찾을 수 있게 인내심을 가지고 기다려줄 필요가 있다.

스포츠 팀에 참가시키자

아이들은 운동을 하면서 뛰고, 팀원들과 단합하며, 상대 팀과의 경기를 즐기고 이기는 과정에서도 기업가정신을 키울 수 있다. 성공적인 기업가는 업무를 분담하고 다른 구성원과 의견을 나누며 목표 달성을 위해 함께 노력해나간다. 어릴 때부터 여러 명이 공통된 목표를 달성하기 위해 함께 뛸 기회를 주는 가장 좋은 방법은 바로 스포츠 팀에 참여시키는 것이다.

아이들은 스포츠 경기에서 매번 이길 수 없다는 깨달음을 통해 모든 도전이 반드시 성공하지 않는다는 것을 알게 된다. 패배하고 실패하기도 하지만 동시에 다시 도전할 힘을 기른다. 패배를 통해 그 이유를 분석하고 목표를 이루기 위한 새로운 기회를 찾을 수 있기 때문에 패배가 나쁘기만 한 것은 아니라는 것을 자연스럽게 깨닫게 된다. 스포츠 경기는 기업가정신을 배울 수 있는 가장 훌륭한 교실이다.

2장

부자의
밑거름이 되는
아이의 소비 습관

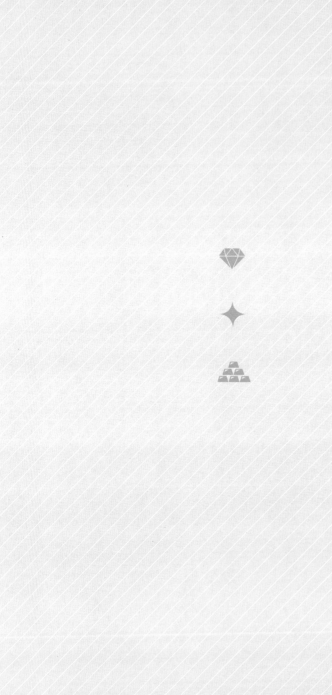

용돈의 액수는
'자존감'과 비례하지 않는다

✦

"학생이 돈 쓸 데가 어디 있다고? 필요하면 그때그때 달라고 해."

"내일 친구랑 놀러간다고? 여기 용돈! 아빠가 용돈 준 건 엄마한텐 비밀이다. 알았지?"

"도대체 용돈을 어디다 쓰고 다니는 거야?"

"내가 널 키우면서 들인 돈이 얼만데? 할머니한테 세뱃돈 받은 거 이리 가져와!"

"옆집 애는 용돈 주면 하나도 안 쓰고 엄마한테 맡긴다더라."

"우리가 너 이 정도 용돈은 줄 수 있어. 다른 애들한테 기 죽지 말고 쓸 만큼 쓰고 다녀."

"학원비 비싸다고? 돈 걱정은 말고 넌 공부나 열심히 해."

필요할 때만 용돈을 주는 부모, 필요한 것보다 용돈을 후하게 주는 부모, 용돈으로 지나치게 아이의 행동을 컨트롤하는 부모, 용돈으로 다른 아이와 비교하며 자극하는 부모, 용돈의 액수가 아이의 자존감의 크기와 비례한다고 생각하는 부모, 돈에 대해서는 절대 신경 못 쓰게 하는 부모…, 여기서 당신은 어떤 유형의 부모인가?

아이는 일정한 나이가 되면 '돈'이 있어야 음식을 사 먹고 원하는 장난감을 살 수 있다는 것을 알게 된다. '돈이 없으면 원하는 것을 가질 수 없다.'는 것을 아이가 깨달을 때가 되면, 돈이란 무한정 있는 것이 아니라 쓰면 줄어들고 없어진다는 것을 알려줘야 한다. 용돈을 주고 스스로 물건을 사게 하면 아이는 돈이 줄어드는 것을 경험하게 된다.

용돈을 받는다는 것은 이제 본격적인 '돈 관리' 교육을 받아들일 준비가 된 것이다. 그런 의미에서 '용돈'은 내 아이가 성인이 되었을 때 돈을 제대로 관리하고 자신의 경제 활동에 책임지는 법을 가르쳐주는 가장 효과적인 교육 수단이다. 어렸을 때 용돈 관리하는 법을 철저히 배운다면 성인이 되어서도 돈 관리를 잘 할 수 있을 것이다.

용돈, 언제부터 얼마를 줘야 할까?

"엄마, 나 돈 주세요!"라고 말하기 시작했다면 이때부터 아이를 잘 관찰하자. 개인적인 차이는 있겠지만, 보통 6~7살이 되면 아이들은 돈에 대한 소유권을 생각하게 된다. 아빠 돈도 엄마 돈도 아니고, 내 돈을 가지고 싶다는 생각이 드는 것이다. 만약 아이가 동전과 지폐의 차이를 이해하고 저금통에 저축하고 있으며 돈을 줘도 잃어버리지 않고 잘 보관한다면, 이제부터는 용돈을 줘서 아이가 스스로 관리할 기회를 주자.

부모의 최대 관심사는 '아이 용돈을 얼마로 정할 것인가?' 하는 문제다. 아이의 학년에 1,500~2,000원을 곱한 금액을 주는 것이 좋다고도 하고, 가계 월수입에서 일정 비율을 떼서 주라고도 한다. 둘 다 정답은 아니다. 부모마다 경제 가치관이 다 다르고, 월수입도 집마다 천차만별이기 때문이다.

우선 용돈에 어떤 항목을 포함시킬지를 정해야 한다. 예를 들어, 학교 수업 준비에 필요한 색종이와 물감 등 준비물을 마련하는 비용을 용돈에 포함할지 아닐지를 정하는 것이다. 용돈의 액수를 정할 때는 용돈이 어떤 기준으로 어떻게 지급될 것인지 부모의 큰 그림을 아이에게 설명해야 한다. 부모가 원칙 없이 기분이나 상황에 따라 용돈

지급액을 쉽게 바꾸면, 아이는 자신의 계획대로 용돈을 관리할 수 없게 되어 관리를 중도에 포기할 수도 있다.

용돈은 자녀의 예상 지출액보다 조금 모자란 듯 주는 것이 넘치게 주는 것보다 효과적이다. 예상 지출액은 아이와 함께 지출 항목을 생각해보고, 이에 따른 예산을 고민하면서 정하는 게 좋다. 용돈이 부족했던 경험이 많은 청소년이 오히려 용돈 관리 의식이 높고 실제로 용돈을 더 잘 관리한다고 한다.

'용돈이 적어서 남의 물건에 욕심을 내지는 않을까?', '아이가 욕구 불만으로 성격이 나빠지지는 않을까?', '용돈이 부족해서 의기소침해하지는 않을까?' 하고 걱정하는 경우가 많은데, 필요한 것보다 더 많이, 그리고 더 자주 받는 습관이 생기면 욕구와 충동을 억제하지 못하는 부작용을 초래할 수 있다. 특히 맞벌이 부부들은 아이에게 미안한 마음에 용돈을 후하게 주는 경우가 있는데 한 번 더 생각해 볼 일이다.

아이 용돈, 얼마나 자주 주는 게 좋을까?

용돈 지급 주기는 1주일 단위에서 시작해서 2주 단위, 월 단위로 기간을 늘려가는 것이 효율적이다. 아이가 주어진 용돈을 제대로 관리한다고 판단되면 다음 단계로 넘어가자(1주일→2주일→1달). 용돈 지급일은 멀었는데 일찍부터 돈이 떨어져 쩔쩔매고 있다면 지급 주기를 유지하거나 더 짧게 바꾼다.

용돈은 규칙적으로 주는 것이 중요하다. 그래야 아이들이 날짜에 맞춰 계획성 있게 소비하고 관리하는 능력을 키울 수 있다. 또 부모가 용돈 지급을 자주 미룬다면 아이도 커서 약속을 지키지 않고 지급 날짜를 자주 어기게 돼 신뢰를 잃게 될 수 있다. 어렸을 때부터 자주 겪었던 일이라 약속에 책임감을 느끼지 못하기 때문이다.

아이에게 용돈을 줄 때는 작은 단위의 지폐나 동전으로 나눠서 주는 것이 좋다. 돈을 쓸 때마다 돈이 줄어드는 것을 눈으로 직접 확인하는 것이 중요하다. 아이가 원하는 물건이 여러 개일 때 각각 다른 병에 저축하면 좋은 것과 같은 이유다. 아이에게는 작은 단위의 돈이 큰 단위의 돈보다 활용도가 더 높다.

용돈 3:3:3:1 법칙이란?

초등학교에 입학할 나이가 되면 아이들은 투자, 저축, 소비, 기부의 의미를 이해하게 된다. 아이에게 용돈을 주고 투자, 저축, 소비,

기부로 나눠서 돈을 쓸 수 있도록 이끌어주자. 3:3:3:1의 비율로 나누어 관리하는 것이 가장 이상적이다.

아직 어린아이에게 '투자'는 너무 이른 게 아니냐고? 투자는 미래를 위한 저축의 연장선으로 가르쳐야 한다. 즉 대학 등록금, 어학연수 비용, 창업자금 등을 말한다. 용돈을 받아 꾸준히 모은 투자금은 아이가 고등학교를 졸업한 이후 본인의 목표를 이룰 수 있게 도와줄 디딤돌이 될 것이라는 점을 아이에게 알려줘야 한다. 아이와 용돈의 액수를 정할 때 이 4가지 범주의 의미를 이해하고 받아들인다면 용돈을 좀 더 주어도 좋다. 만약 '투자'를 포함할 수 없는 액수의 적은 용돈이라면 용돈 외에 생일 축하금과 세뱃돈과 같은 특별 수입을 투자 목적으로 저축하게 하자. 이 법칙은 용돈의 범위에 어디까지 포함시킬지 아이와 충분히 상의하고 동의가 이루어진 상태에서 융통성 있게 적용해야 한다.

'저축'은 아이가 사고 싶은 물건을 위해 용돈의 일부를 모으는 것이다. '만족지연'이라는 말을 들어본 적 있는가? 만족지연이란 더 나은 결과를 위해서 즉각적인 즐거움이나 보상 욕구를 자발적으로 억제·통제하고, 욕구 충족이 늦어질 때 느끼는 좌절감을 참아내는 것을 말한다. '마시멜로 실험'을 통해 알려진 대로 마시멜로의 달콤한 유혹을 꾹 참아낸 아이들이 자기관리 능력이 높게 나타난다고 한다. 용돈을 충동적으로 소비하지 않고 잘 저축하면 나중에 원하는 것을 갖게 된다는 성취감과 만족감을 느끼게 도와주자.

'소비'는 아이들의 군것질거리 또는 오락용으로 자유롭게 쓸 수 있는 돈이다. 아이가 어떤 부문에 과하게 소비한다거나 돈이 생기는 대로 한꺼번에 써버리는 경우가 아니라면 아이의 용돈 사용 내역을 지나치게 상관하거나 지도하려고 하지 말자. 소비를 현명하게 하지 못한다고 하더라도 나무라지 말자. 아이들은 실수를 통해 더 성장한다.

마지막으로 용돈 일부를 꾸준히 '기부'하는 습관을 길러주자. 평소에 기부를 생활화해서 아이가 더불어 사는 세상에 행복을 느끼고 감사할 수 있도록 독려하자. 기부는 아이에게 사회적 책임과 배려를 알려주는 가장 좋은 방법 중 하나다. 만약 용돈이 '기부'까지 포함할 수 없는 적은 금액이라면 아이가 칭찬받을 때마다 동전 하나를 선물로 줘서 그 돈만큼은 다른 사람을 위해서 기부하는 기쁨을 맛보게 하자.

일기도 안 쓰는 아이에게
용돈기입장을 쓰라고?

◆

용돈을 받기 시작했다면 용돈기입장을 쓰기 시작해야한다. 하지만, 무턱대고 아이에게 용돈기입장을 쓰라고 하기가 쉽지 않을 것이다. 용돈 관리의 필수 요소인 용돈기입장은 용돈을 언제, 얼마를 받아서 어떻게 사용했는지에 대한 내용을 기록하는 것만이 전부가 아니다. 아이들이 지출 내역을 보면서 지나친 소비는 없었는지, 앞으로 어떻게 계획을 세워야 할지 예측하고 준비할 수 있는 능력을 키워 나아가야 한다.

"우리 아이는 아직 어려서 글씨도 못 쓰는데 용돈기입장을 어떻게 써요?"라고 생각하는 분들이 있을 것이다. 아직 글씨를 쓸 줄 모르는 어린아이에게는 용돈을 쓸 때마다 용돈기입장에 스티커를 붙이게 하

자. "작은 토끼 스티커는 100원이고, 큰 호랑이 스티커는 500원이야." 이렇게 약속을 정해 아이가 용돈을 쓸 때마다 스티커를 붙이게 하면, 아이는 스티커를 붙이는 재미에 푹 빠져 용돈기입장을 빼먹지 않고 꼼꼼히 기록할 것이다. 스마트폰의 용돈기입 앱을 활용해보는 것도 좋다. 자유로운 카테고리 설정 및 다양한 통계 그래프를 시각적으로 보여주는 어린이 용돈 관리 앱으로는 '용돈 가계부', '간편한 용돈 기입장', '미니 용돈기입장', '간편 용돈관리 가계부', '꼼꼼 용돈관리', 그리고 '용돈 기입장' 등이 있다.

앞서 얘기했듯이 용돈기입장을 보면서 자녀에게 지적한다거나 훈계하는 것은 금물이다! 아이가 용돈기입장을 쓰는 데 흥미를 잃을 수 있고, 혼나는 게 두려워 거짓으로 기입할 수 있기 때문이다. 용돈을 어디에 썼는지 기록하고, 그 내용을 토대로 부모와 대화하는 과정에서 아이들이 스스로 깨닫게 해줘야 한다. 처음에는 특별한 형식을 정하지 말고 자유롭게 기록하는 방법을 택하자. 용돈기입장에 대한 거부감이 줄어들 때쯤 구체적인 지출 내역과 그 이유를 적도록 하면 자연스럽게 용돈 내역을 기록하는 것이 '생활화'될 것이다.

용돈기입장을 어떻게 써야할지 궁금하다면 아래 표를 참고해보자. 용돈기입장의 기본 내용은 날짜, 내용, 수입, 지출, 잔액이다.

날짜	내용	수입	지출	잔액
2020.06.01	남은 돈			7.000
2020.06.01	용돈	10.000		17.000
2020.06.05	유리창 닦기	3.000		20.000
2020.06.07	친구와 간식		1.000	19.000
2020.06.15	용돈	10.000		29.000
2020.06.18	친구 생일선물		3.000	26.000
2020.06.20	할머니께서 주신 생일 용돈	30.000		56.000
2020.06.23	저축		30.000	26.000
2020.06.25	액체 괴물		5.000	21.000
합계		53.000	39.000	21.000

이 양식은 아이가 커나가면서 필요한 항목을 덧붙이기도 하고 수정하기도 하면서 함께 완성해나가면 된다.

용돈은 내 아이가 원하는 곳에 스스로, 그리고 자율적으로 사용할 수 있는 돈이다. 어릴 때부터 용돈을 계획적이고 책임감 있게 사용할 수 있는 능력을 키워준다면 아이들은 성인이 되어서도 자연스럽게 돈 관리를 잘 해낼 것이다. 자녀를 위한 용돈 관리법을 잘 실천한 부모는 아이에게 '금수저'보다 중요한 걸 물려주는 것이다.

장난감을 사달라고 떼쓰는 아이,
어떻게 할까요?

✦

아이가 장난감을 사달라고 떼쓰면 차분히 "안 돼!"라고 말한 뒤 아이가 진정될 때까지 지켜보라고 책과 TV에서 말한다. 부모는 절대 언성을 높이지 말고 감정적으로 반응하지 않으면서 "왜 장난감이 가지고 싶니?"라고 아이에게 침착하게 물어봐야 한다고도 말한다.

하지만 현실에선 어떤가? 아이가 땅바닥에 주저앉아 소리 지르거나 드러누워 발버둥 치면 주변 눈치를 살피느라 진땀만 흘린다. 특히나 밖에서 사람들의 시선을 견뎌내는 건 쉬운 일이 아니다.

아이가 원하는 물건이 생겼을 때 소리 지르거나 드러눕는 이유는 아직 돈에 대한 개념이 없거나 현명하게 소비하는 방법에 대한 훈련이 부족하기 때문이다. '합리적인 소비 생활' 이야말로 효율적인 돈

관리의 초석이다. 물질적으로 풍요로운 시대에 살면서 어릴 때부터 소비가 자연스럽게 몸에 밴 내 아이, 어떻게 하면 현명하게 돈을 다루게 할지 지금부터 그 방법을 알아보자.

'돈의 크기'를 알려주자

아직 숫자나 돈의 크기에 대한 개념이 확립되지 않은 어린아이들은 갖고 싶은 것이 생기면 부모에게 사달라고 한다. 10만 원짜리 장난감을 사달라고 조르는 아이에게 "그건 너무 비싸서 사줄 수가 없어."라고 얘기해봤자 안 통한다. 아이는 10만 원의 가치를 모르기 때문에 그저 엄마가 사주기 싫어서 안 사준다고 생각한다. 대신 평소에 아이에게 실생활에서 자주 접하는 물건으로 돈의 크기와 가격을 설명해주자.

"이 냉장고는 200만 원짜리고, 저 TV는 100만 원짜리야"

"이 수박은 한 통에 2만 원이고, 이 작은 우유는 900원이야."

아이가 물건의 가격을 어느 정도 이해하는 초등학교 저학년이 되면 "오늘 식당에서 먹은 음식은 8,000원이란다."라고 얘기해주자. '싸다', '비싸다'와 같은 상대적인 개념이 생기면 엄마가 10만 원짜리 장난감을 비싸다고 말하는 것이 어떤 의미인지 조금이나마 이해하게 될 것이다.

KBS 예능 프로그램 '슈퍼맨이 돌아왔다'에서 6살 난 남자아이에게 무작위로 상자 3개 중에서 하나를 고르게 한 적이 있다. 상자 속에는 크기가 각기 다른 바구니가 들어 있었고, 자신이 선택한 바구니에 들어가는 크기만큼만 장난감을 살 수 있었다. 남자아이는 누나들과 달리 작은 비닐봉지가 나와서 웬만한 장난감은 들어가지도 않자 시무룩해진다. 그러나 숫자 자릿수가 많은 것이 더 비싸다는 것을 알고 있던 아이는 가격표를 보고 골라 크기는 가장 작아도 가장 비싼 장난감을 갖게 됐다. 만약 아이가 아직 숫자의 크기를 제대로 이해하지 못한다면 이런 식의 방법을 알려주는 것도 좋다.

'필요한 것'과 '갖고 싶은 것'의 차이를 알려주자

아이가 원하는 물건을 다 사줄 수는 없다. 그래서 아이에게 '필요한 것'과 '갖고 싶은 것'이 무엇인지를 가르쳐야 한다. 꼭 필요한 물건에는 옷, 음식, 집 그리고 학교생활에 필요한 학용품, 집안 살림에 쓰는 가재도구와 같은 것들이 있다. 반면에 인형이나 장난감은 갖고 싶은 것이지 꼭 필요한 것은 아니다. 아이가 이 차이를 구별하지 못하면 충동적으로 소비하는 버릇을 들이게 된다.

노트를 펼쳐 한쪽에는 '필요한 것'을 적기로 하고, 다른 한쪽에는 '갖고 싶은 것'을 적기로 하자. 아이들에게 지난 1주일 동안 산 물건들을 말해보라고 한 뒤 어느 쪽에 넣고 싶은지 물어보자. 아이가 초등학교 저학년 이상이라면 종이에 직접 적어보게 하자. 부모가 먼저 분류하고 아이들에게 가르쳐주기보다 아이가 직접 분류해보는 것이 좋다. 분류가 끝나면 이 물건이 왜 필요하다고 생각했는지, 왜 갖고 싶다고 생각했는지를 아이와 얘기해보자.

이런 과정을 반복하면 아이는 '필요한 것'과 '갖고 싶은 것'의 차이를 분명하게 인식할 수 있게 된다. 물론 꼭 필요하지 않아도 교양을 쌓거나 문화생활을 누리기 위해 소비하기도 하지만, '필요한 것'과 '갖고 싶은 것'의 차이를 알게 한 뒤, 먼저 '필요한 것'에 돈을 써야 한다는 것을 알려주려는 것이다. '갖고 싶은 것'은 남는 돈이나 여윳돈으로 소비해야 경제적으로 어려움을 겪지 않게 된다는 사실도 알려주자.

"이건 너무 비싸, 지난번에 로봇 장난감 샀으니까 이 장난감 자동차는 다음에 사고 싶은 물건 목록에 넣는 게 어떨까?"

만약, 아이가 이 말을 이해한다면 이미 '필요한 것'과 '갖고 싶은 것'을 구별할 수 있는 능력을 갖춘 셈이다.

계획적으로 소비하는 모습을 보여주자

아이가 사고 싶은 물건이 생긴다고 당장 사주지 않는다. 아이가 다음의 6가지 질문에 순서대로 답할 수 있게 생각할 시간을 주자.

"지금 당장 사야 할까?"
"꼭 필요한 물건일까?"
"그 물건을 사는 것 말고 대안은 없을까?"
"저축한 돈으로 살 수 있겠어?"
"좀 더 저축해야 살 수 있다면 얼마씩 얼마 동안 저축해야 할까?"
"다른 갖고 싶은 물건들 중에 어느 것을 가장 먼저 사야 할까?"

질문에 순서대로 답하다 보면 충동적인 소비 습관에서 벗어날 수 있다. 만약 아이가 갖고 싶은 물건이 여러 개라면 그 목록을 차례로 쓰고, 어떤 물건이 가장 갖고 싶은지 우선순위를 정해보라고 하자. 아이는 원하는 물건을 사기 위해 우선 저축하고, 계획적으로 소비하며, 장기적인 목표를 세워 소비하는 습관을 키울 수 있을 것이다.

계획적 소비 방법에 대한 가장 효과적인 훈련은 부모와 함께하는 쇼핑에서 키울 수 있다. 초등학교 저학년이 되면 장보기 전에 아이와 함께 쇼핑 리스트를 작성하고 그에 따라 충실하게 구입하는 모습을 아이에게 보여주자. 아이와 함께 나서는 아이쇼핑도 좋은 교육이 될 수 있다. 아이쇼핑 후에 갖고 싶은 물건 목록을 같이 만들고 우선순위를 정한 다음, 오늘 이 물건을 못 산 이유를 설명하자. 가장 쉽고 실질적인 방법으로 아이에게 계획적인 소비 방법에 대해 교육할 수 있다.

이유 있는 소비 방법을 가르쳐주자

아이에게 돈의 크기 개념, '필요한 것'과 '갖고 싶은 것'의 개념이 생겼다면 아이와 함께 쇼핑할 때 이 물건을 왜 사는지, 이 물건을 사기 위해 왜 다른 물건을 포기해야 하는지, 왜 그렇게 결정했는지 이유를 설명해주자. 어른들은 품질 대비 저렴한 품목을 구매해야 한다는 것을 당연하게 알고 있지만, 아이에게는 합리적인 소비에 대한 개념이 자리잡지 않았기 때문에 교육이 필요하다.

1,000원짜리 우유와 2,000원짜리 우유가 있다면, 둘 중 어느 것을 골라야 할지 아이에게 물어보자. 아이는 더 저렴한 1,000원짜리 우유를 고를 가능성이 높다. "가격이 저렴한 걸 골랐구나. 그런데 왜 같은 우유인데 이건 2,000원일까? 유기농이라 비싸구나."라고 물건을 선택하는 기준을 다양하게 생각하도록 해주자.

물건을 선택하는 기준에는 '가격' 외에 다른 기준도 있다는 것을 알려주자. "이 물건은 1개를 사면 1개를 더 주는 행사를 하고 있지만 당장 필요한 물건이 아니니 굳이 살 필요가 없어." 또는 "쇼핑 목록에 있던 물건이니 싸게 살 기회야."라며 선택의 이유를 알기 쉽게 설명해주자. 아이와 함께 물건의 용량과 가격 등 차이를 비교해보는 것도 좋은 방법이다. 아이는 물건을 고르는 기준과 합리적인 소비 방법을 자연스럽게 배울 수 있다.

"생각보다 장보는 데 돈을 많이 썼구나, 이유가 뭘까?"라고 하며 쇼핑이 끝나면 영수증을 챙겨서 소비한 내역을 살펴보는 모습을 아이에게 보여주자. 부모가 영수증을 꼼꼼히 분석하고 가계부를 작성하는 모습을 보여주면 굳이 시키지 않아도 아이가 용돈기입장을 쓰게 될 것이다. 평소에 온라인 쇼핑몰에서 할인쿠폰을 찾는 모습, 구입하기 전에 가게에서 물건을 주의 깊게 살피는 모습, 물건을 사용한 후 평가하는 모습 등 부모가 생활 속에서 소비에 임하는 모습은 아이를 합리적으로 소비하게 이끌어주는 진정한 교육이 된다.

원하는 물건이 생기면 주변의 시선을 무시하고 떼쓰는 아이는 성격이 나빠서 그런 것이 아니다. '합리적 소비' 개념이 생기고 필요한 것과 갖고 싶은 것을 구별할 줄 아는 능력이 갖춰지면 저절로 사라질 모습이다. 평소 계획적이고 합리적으로 소비하는 부모의 모습을 자주 접하면 아이는 분명 돈에 대해 책임감 있는 소비자로 자라게 될 것이다.

마트에 가기 전에
'과자 예산'을 짜라

✦

　M씨는 용돈을 준 지 1주일이 채 되지 않아 용돈을 더 달라고 떼쓰
는 아이에게 어디에다 용돈을 썼는지 물어봤다. 용돈을 받은 날, 친
구들에게 아이스크림을 하나씩 돌렸다고 한다. 그리고 한 친구가 생
일선물로 장난감을 사달라고 해서 문방구에서 사주고 나니 돈이 없
다고 한다. 친구들에게 선심을 쓰느라 용돈을 다 써버린 아이에게 앞
으로 어떻게 할 것인지 물으니, 다음 용돈을 미리 달라고 한다. 엄마
가 안 주면 할머니에게 달라고 하면 된다고 하니 난감하다.

　정도의 차이는 있지만 이렇게 돈에 대해 개념이 없는 아이들을 주
변에서 쉽게 볼 수 있다. 이런 아이들은 공통적으로 '예산'이라는 개
념 없이, 습관적으로 무분별하게 돈을 쓰는 경향이 있다. 이제부터라

도 내 아이에게 얼마를 벌고, 얼마를 쓸 수 있으며, 얼마를 저축할 것인가를 예상하고, 계획대로 소비하며 집행하는 예산 관리 교육을 할 필요가 있다.

돈 개념이 없을수록
절실한 예산교육

1가구 1자녀 시대가 오면서 아이가 원하는 것이면 뭐든 다 사주는 부모를 흔히 볼 수 있다. 물건을 잃어버려도 대수롭지 않게 생각하는 아이, 장난감을 사달라고 떼쓰는 아이, 다 먹지도 못하는 젤리를 몇만 원어치 사는 아이들도 주변에서 쉽게 볼 수 있다. 돈은 '한도 내에서 쓸 수 있는 것'이라는 개념 없이 얼마를 쓸 수 있고, 얼마를 저축해야 하는지에 대한 이해가 부족한 아이들에게는 돈을 관리하는 데 가장 기본이 되는 '예산 관리' 교육이 필수다.

예산이란 예상되는 수입과 지출에 대한 개요이며, 돈을 어디에 어떻게 쓸 것인지에 대해 미리 계획을 세우는 것이다. 만약 아이가 너무 어려 이 개념을 이해하기 어려워한다면 예산은 '용돈에 대한 계획'을 세우는 것이라고 쉽게 설명해주자.

예산 세우기가
아이를 어떻게 변화시킬까?

첫째, 예산을 짜는 아이는 돈이란 자신이 가진 것 안에서 써야 한다는 것을 알게 된다. 예산에 포함될 수 있는 수입으로는 정기적으로 받는 용돈, 세뱃돈과 같은 비정기적인 특별 용돈, 아르바이트 등 자신의 노동을 통한 수입, 벼룩시장 판매를 통한 부수입 등이 있다.

둘째, 한정된 수입으로 자신이 원하는 것을 최대한 사기 위해 '소비 계획'을 세울 수 있다. '필요한 것'과 '갖고 싶은 것'으로 나누어 '필요한 것'을 먼저 구입하고 '갖고 싶은 것'은 나중에 사야 한다는 것, 필요한 물건 중에서도 고정 비용을 먼저 지출하도록 순서를 정해 지출해야 한다는 것 등 현명한 소비 원칙에 근거해 예산을 짤 수 있다. 사고 싶은 것을 한정된 금액 안에서 사려고 하다 보면 저렴한 가격으로 물건을 사는 방법을 찾게 되고, 지출을 줄이기 위해 불필요한 소비를 줄여야 한다는 사실도 깨닫게 된다.

셋째, 앞날을 예측할 수 있다. 아이는 원하는 것을 하려면 돈이 필요하다는 사실을 느끼게 되는데, 그러려면 돈을 얼마 동안 모아야 하는지, 모으려면 얼마나 걸릴지 계산해보게 된다. 이러한 과정에서 아이의 목표와 원하는 것이 무엇인지에 대해 좀 더 구체적으로 생각하게 되고 미래의 재정 상태 또한 구체적으로 예측할 수 있다.

예산 짜기,
실생활에서 쉽게 가르치자

예산의 개념을 실생활에서 쉽게 가르치는 방법은 없을까?

'예산 관리'가 너무 어렵게 느껴진다면 다음 사례를 하나씩 따라 해
보자.

① '과자 예산'부터 출발한다

아이와 함께 마트에 장을 보러 가면 아이는 먹고 싶은 과자나 음료
수, 장난감을 원하는 대로 카트에 담으려 할 것이다. 그러면 부모는
아이와 실랑이를 벌인다. "너무 많아.", "엄마 돈 없어.", "비슷한 장
난감이 집에도 있는 것 같은데?"

이런 상황을 방지하려면, 마트에 가기 전에 아이와 함께 과자 예산
을 짜보자. 아이가 자신의 용돈으로 살 수 있는 군것질 예산은 얼마
인지, 사고 싶은 장난감을 위해 저축한 돈이 얼마인지 확인하고 출발
하는 것이다. 이번 주에 과자를 사먹을 수 있는 금액이 3,000원이라
면 아이에게 마트에서 고를 수 있는 과자 예산이 반드시 3,000원 이
하여야 한다는 것을 알려주자. 갖고 싶은 장난감을 사기 위해 모은
돈이 2만 원이라는 사실을 알리고 마트에 가면, 신상 로봇을 사달라
고 떼쓰는 사태를 피할 수 있다.

② 가족여행에서도 예산 훈련은 필수

가족과 함께 떠나는 여행은 아이에게 금융교육을 할 수 있는 좋은 기회다. 여행 경비에 대해 의사결정을 할 수 있는 기회를 주자.

"이번 여행에서 우리 가족이 쓸 수 있는 총 예산은 100만 원이야. 이 중에서 숙박비로 30만 원을 쓸 예정이고, 교통비로 30만 원을 쓸 예정이야."

이렇게 가족이 공동으로 쓰게 될 비용을 알려주자. 이때 아이가 '개인적으로 쓸 수 있는 예산은 얼마'라고 여행 용돈도 정해주자. 음식, 기념품, 체험이 가득한 여행지에서는 어른들도 예상치 않게 과소비하는 경우가 많다. 아이에게 여행 용돈을 주면서 여행지에서 기념품을 사는 데 쓸 돈, 군것질할 때 쓸 돈, 친구에게 줄 선물로 쓸 돈을 생각해보게 하자. 낯선 환경에서도 과소비하지 않고 예산 내에서 소비하는 습관이 생길 것이다.

아이와 함께 여행하다 보면, 아이는 가족여행을 더 자주 오고 싶어 할 것이다. 그때는 이렇게 알려주자. "우리 집의 수입은 정해져 있기 때문에 평소 돈을 더 아껴 써야 여행을 자주 할 수 있단다."라고 말이다. 여행을 위해 평소 생활비를 줄이는 방법과 여행 경비를 줄일 방법에는 어떤 것들이 있는지 아이와 얘기해보는 시간을 가져보자. 아이의 의견은 허무맹랑하거나 기발할 수도 있지만, 그 자체가 아이의 예산 개념을 키워주는 좋은 교육이 된다.

③ 형제자매의 생일파티 준비에서도 예산 훈련이 가능하다

보통 부모가 아이의 생일파티를 계획하고 비용을 지불한다. 이제부터 아이도 함께 형제자매의 생일파티를 기획하고 예산을 짜보도록 하자. 생일파티 예산은 얼마로 할 것인지, 파티 음식을 준비하는 데 얼마를 쓸 것인지, 풍선과 고깔 같은 장식품을 사는 데 얼마를 지출할 것인지를 아이와 함께 고민하는 것이다.

역할을 분담할 수도 있다. 엄마는 음식을 위한 예산을 집행하고 아이는 파티 장식품을 위한 예산을 집행해보는 식이다. 아이는 그동안 용돈의 일부를 떼어내 생일선물을 사기만 했다면 이제는 동생의 생일파티 예산을 짜고 집행하는 '예산가'로서 활동의 장을 넓힐 수 있다.

형제자매의 생일파티 외에도 할아버지, 할머니, 아빠, 엄마의 생일파티에도 적용해볼 수 있다. 엄마와 함께 동생의 생일파티를 위한 예산 활동에 참여한 아이들은 나중에 다른 가족의 생일파티를 위해 동생과 함께 예산을 집행하게 될 것이다. 크리스마스 파티에 필요한 선물비, 카드비 등 이제 내 아이는 가족이 함께하는 행사에 모두 적극적으로 참여해 제한된 돈으로 최대한 만족스러운 결과를 내기 위해 생각하고 노력할 것이다. 부모의 수고가 덜어지는 것은 덤이다.

아이에게 꼭 필요한
'돈 잘 쓰는 연습'

아이의 학용품 등 꼭 필요한 지출은 대부분 부모가 부담하고 군것질 비용만 용돈으로 주는 경우가 많다. 이런 경우 아이들은 스스로 돈을 써볼 경험을 하기 어렵다. 노트, 펜 등 학용품을 부모가 모두 사주지 말고 아이의 용돈에서 지불하게 해보자. 아이에게 맡기는 것이 불안해서 뭐든 부모가 해주다 보면 아이는 성인이 되어서도 자신의 수입이나 잔고를 고려하지 않고 과소비와 충동구매를 할지도 모른다.

중요한 것은 아이가 처음 계획한 예산보다 초과하여 돈을 쓰더라도 너무 나무라지 말고 좀 더 기다려주는 것이다. 예산을 초과해서 불편을 겪어본 아이는 예산에 맞춰 지출하는 것의 중요성을 스스로 깨닫게 될 것이다. 또 예산을 짜고 나서 그 결과를 평가하고 분석하는 과정이 꼭 필요하다. 가령 과자 예산이 3,000원이었는데 초과해서 사지는 않았는지, 초과했다면 얼마를 초과했고 왜 초과했는지, 초과한 금액은 어떻게 충당할 것인지 등 분석이 이루어져야 한다. 아이가 성인이 되어서도 건전한 재무 상태를 유지할 수 있는 튼튼한 초석이 되어줄 것이다.

3장

부자로
가는 길
'금융사관학교'

저금통부터 시작하는
저축 습관 만들기

✦

    '세계 최고의 부자들은 금융사관학교를 나왔다.'는 이야기가 있다. '금융사관학교'는 진짜 학교가 아니라 어렸을 때부터 '금융교육'을 체계적으로 받았다는 것을 말하는 것이다. '어린이 금융교육' 하면 전설적인 투자의 귀재로 알려진 '워런 버핏'이 유명하다. 그가 미국 최고 부자가 된 데는 어릴 적부터 만들어진 경제 습관과 아버지로부터 받은 금융교육의 영향이 컸다. 버핏은 6살 때부터 하루도 빼놓지 않고 할아버지가 운영하던 식료품 가게인 '버핏 애드선'을 찾았다. 그는 할아버지가 물건을 얼마에 사서 얼마에 파는지, 사람들이 왜 할아버지의 가게에서 물건을 사는지 등 장사와 돈의 원리에 궁금증을 가지게 됐다. 실제로 물건을 팔기도 했는데, 콜라 6병이 든 상자를 25센트에 사서 1병당 5센트에 팔았다고 한다.

이후 주식 딜러였던 아버지는 워런 버핏의 10살 생일에 뉴욕의 증권거래소에 데리고 갔고, 11살 때는 시티스서비스 사의 주식을 사라고 권했다. 버핏은 첫 주식 3주를 38달러에 샀다. 그러나 금세 27달러로 떨어지자 가슴을 졸이다가 40달러로 오르자마자 팔아버렸다. 수수료를 제외하고 5달러를 벌었지만, 이 회사 주식은 얼마 뒤 200달러로 치솟았다. 그때 '인내'야말로 최고의 투자 전략임을 배운 버핏은 평생 아버지를 스승으로 여기며, 중요한 순간마다 '아버지라면 어떻게 할까?'라고 생각하며 꾸준한 자기 계발과 지치지 않는 열정으로 32세에 백만장자가 됐다.

내 아이 부자 되라고 부모의 직업을 사업가나 주식 딜러로 바꿀 수는 없다. 하지만 일찍 시작할수록 좋은 것이 '금융교육'이다. 록펠러 가문은 어릴 때부터 자녀들에게 용돈기입장을 꼭 기록하도록 가르치고 어기면 벌금을 매긴 것으로 유명하다. 델 컴퓨터 CEO인 마이클 델은 밥상머리에서 부모와 경제, 투자, 주식에 대해 토론했고, 워런 버핏은 8살부터 집에 쌓여 있는 주식 관련 책을 읽었다.

세계의 부호들이 부자가 될 수 있었던 것은 부모의 직업 때문이 아니라 부모의 금융교육 덕분이었던 것이다. 아이의 금융교육은 빠를수록 좋다. 저축하는 방법, 돈 관리하는 방법, 돈 버는 방법, 예산 관리하는 방법, 올바른 신용 관리와 투자법 등 아이에게 단계별로 가르쳐줘야 할 것들이 참 많다. 먼저 내 아이의 경제 개념을 세우기 위해 저축하는 방법을 알아보자.

저금통으로 첫 저축 습관 만들기

'저금통'은 아이에게 저축의 중요성을 가르치기에 가장 쉽고 좋은 방법이다. 아이가 4~5살이 되면 동전을 주며 저금통을 채우게 하자. 돈의 개념을 모르는 나이라도 저금통에 동전을 넣는 습관이 생기면 자연스럽게 저축을 경험하게 된다. 아이와 함께 돼지저금통을 만들어 사용하면 아이는 더 흥미를 느낄 것이다. 용돈을 저금통에 넣은 다음, 돼지의 표정이 어떨지 상상해보라고 하고 그 표정을 종이에 그려보는 놀이도 좋다. 반대로 동전을 안 넣었을 때의 표정도 그려보게 하자. 아직 돈의 개념이 없다고 해도 분명 슬프고 배고픈 돼지를 그릴 것이다.

아이가 저금통에 돈을 채울 때마다 칭찬해주자. 때로는 조금 과하게 해도 좋다. 아이는 저금통에 돈을 넣을 때마다 저축의 보람과 즐거움을 경험하게 될 것이다. 저금통이 꽉 차면 아이에게 적절한 보상을 해주는 것도 좋은 방법이다. 상금으로 1,000원짜리 지폐를 저금통에 넣어주거나 아이가 평소에 원하던 놀이를 같이 하는 시간을 갖자. '삐뽀 스마트저금통'과 같은 모바일 앱으로 아이와 함께 목표 저축액을 정하고 저축하는 재미를 알게 하는 것도 좋다. 아이는 저축을 통해 성취감을 느끼고 저축은 자신이 원하는 것을 이룰 수 있게 해주는 매개체라는 것을 자연스럽게 습득하게 될 것이다.

'유리병 저금통'도 좋다

아이가 정말 갖고 싶어 하는 장난감이나 게임팩이 생긴다면 기회는 이때다. 원하는 것을 얻으려면 저축해야 한다는 사실을 알려주자. 아이에게 유리병을 주고 원하는 물건의 이름을 쓰거나 사진을 붙이라고 하자. 원하는 물건이 여러 개라면 여러 개의 병으로 나눌 수도 있다. 용돈을 줄 때는 작은 단위로 나눠서 주는 것이 좋다. 왜냐하면, 돈을 지폐로 주면 병 하나에 모두 넣어야 하기 때문에 아이가 유리병 앞에서 깊은 고민에 빠지기 쉽다.

아이는 동전을 저금통에 넣을 때마다 자신이 원하는 물건에 조금씩 다가가는 즐거움과 성취감을 느끼게 된다. 아이의 나이나 학년은 상관없다. 중고등학생이 되어서 저금통보다 통장을 선호한다면 일단 통장에 입금을 먼저 하고 나중에 일정한 금액이 모였을 때 원하는 물건을 사게 하면 된다.

본격적인 저축, '통장' 개설하기

저금통이 채워지면 아이를 은행에 데려가서 통장을 개설해보자. 셈이 가능한 초등학교 저학년이라면 은행에 가기 전에 먼저 동전을 세어보게 하고, 나중에 그 액수가 통장에 예금된 것을 눈으로 확인시켜준다. 그래야만 자신이 실제로 얼마를 가졌는지 실감할 수 있다.

아이가 10살 정도라면 은행에서 통장을 개설할 때 신청서를 직접 작성하게 하자. 신청서에 기재 사항을 채워가다 보면 아이는 여러 가지 질문을 할 것이다. 그 질문에 답하다 보면 비밀번호가 왜 필요한지, 보통예금, 정기적금, 정기예금 등의 차이를 알려줄 수도 있다. 은행에 있는 ATM 기기의 기능과 공과금 수납기 등의 용도도 함께 설명해주자.

아이가 초등학교 고학년이라면 새로운 금융 상품을 같이 알아보고, 직접 골라보게 하자. 아이의 첫 통장을 어린이 펀드와 같은 증권 통장으로 만들어주는 것도 좋다. 어린이 펀드란 20세 미만의 미성년자를 대상으로 대학 등록금, 결혼 자금 등 미래 자금을 준비하도록 돕는 상품이다. 원하는 것을 얻기 위해 저축하는 습관은 아이에게 올바른 경제 관념을 심어주고, 특히 목표를 향해 인내하며 성취해나가는 성장 동력이 되어준다. 하지만 아이와 함께 은행을 방문할 시간이 없다면 집에서 가까운 은행의 앱을 다운받아보자. 아이와 함께 앱을 자주 들여다보고 돈이 불어나는 것을 직접 눈으로 볼 수 있게 해주면 좋다.

내 아이 금융교육
10계명

20대 신용불량자가 늘어나고 있다. 어렸을 때부터 돈을 아끼고 합리적으로 소비하는 경제 습관이 몸에 배어 있지 않다 보니 성인이 된후에 문제가 생기는 것이다. 요즘 부모들이 신용카드로 결제하다 보니아이들은 카드만 있으면 무엇이든 살 수 있다고 생각하기 때문이다.

문제는 돈에 관한 조기교육이 한순간에 이루어지지 않는다는 것이다. 장기간 꾸준히 학습해야 효과를 얻을 수 있다. 따라서 젓가락질하는 법, 세안하는 법 등 사소한 생활습관을 다지듯이 경제 습관도3~4살 때부터 서서히 생활 속에서 길들여야 한다.

내 아이 금융교육 10계명

1. 용돈은 정기적으로 일정액만 지급하라.
2. 용돈은 빠듯하게, 모자라면 스스로 벌게 하라.
3. 선저축, 후지출 습관을 들여라.
4. 기부하게 하라.
5. 아이의 특별 수입은 부모가 관심을 기울여 적절한 용도로 사용할 수 있게 하자.
6. 물건을 살 때는 발품을 팔게 하라.
7. 물건을 사기 전에 한 번 더 생각하게 하라.
8. 자기 물건은 자기가 관리하게 하라.
9. 예산을 관리하도록 하라.
10. 올바른 가치관에 입각한 소비 관념을 심어주어라.

어릴 때부터 현명한 부자로 키우기 위해 금융교육 10계명을 유념하도록 하자.

아이의 성장과 목적별 저축으로
함께 부자 되자

✦

　처음 아이를 가졌던 날을 기억하는가? 뱃속에서의 첫 태동부터 걸음마를 떼고 옹알이하는 모습까지…, 부모는 자녀의 특별한 순간을 마주하게 된다. 이 순간을 오래 기억하기 위해 육아일기를 쓰거나 사진, 영상으로 남겨두고 SNS에 올리기도 한다. 이밖에 현명하고 똑똑한 부모가 될 수 있는 또 하나의 방법이 있다. 소중한 추억에 '경제 계획'을 더하는 것이다. 그렇다면 어떻게 아이의 성장과 경제 계획을 연결할 수 있을지 알아보자.

아이가 영어 알파벳을 말할 때
'해외연수 자금' 마련

아이가 처음 알파벳 송을 혼자서 끝까지 부른 날, 이 특별한 순간을 기념하는 의미로 해외연수 자금에 대해 생각해보는 건 어떨까? 대학 입학 후에 어학연수로 많이 가기도 하지만 요즘에는 많은 부모가 유학 성공률이 높다는 중학교 3학년 때 해외연수를 보내기도 한다. 이런 경우 아이가 중3이 될 때를 목표 시점으로 정하고 자금을 미리 마련하면 좋을 것이다. 참고로 해외연수 자금은 최근 몇 년간 캐나다 밴쿠버 공립학교에 3.5년을 보낼 경우 순수 학비만 8,750만 ~1억 원 정도 든다고 한다.

아이에게 꿈이 생겼을 때
'대학 등록금' 마련

아이에게 처음으로 꿈이 생겼을 때, 대학 등록금에 대해 생각해보는 건 어떨까? 아이에게 꿈이 생겼다는 건 부모로서 가장 설레고 기쁜 순간 중 하나일 것이다. 아이의 꿈을 응원하고 키워주기 위한 기념으로 대학 등록금을 마련해보자. 전국 4년제 대학 1년간 평균 등록금은 600~900만 원이고, 교재 등의 부대비용을 포함하면 4년간 총 3,000~4,000만 원이 든다. 아이가 5살일 때부터 매월 22만 원씩 15년 동안 저축하면 20살이 되는 해에 4,000만 원이 넘는 학자금을 마련할 수 있게 된다. 아이의 꿈을 이룰 수 있는 발판을 마련해주고 등록금 걱정도 덜게 되니 일석이조다.

아이가 학교를 진학했을 때 '독립 자금' 마련

아이가 초등학교나 중고등학교를 진학했을 때 독립 자금에 대해 생각해보는 건 어떨까? 성인이 되면 독립해서 자취하거나 결혼해서 가정을 이루게 될 것이다. 아이를 위해 미리 청약저축을 들어놓으면 먼 훗날 아이가 주택을 분양받고자 할 때 높은 가점을 챙길 수 있다.

아이에게 처음으로 이성 친구가 생겼을 때 결혼 자금에 대해 생각해보는 것도 좋은 방법이다. 미래에 아이가 반려자와 결혼해 살아가는 모습을 상상하면서 결혼 자금을 마련해보자. 훗날 자녀에게 결혼 자금을 주면서 추억을 얘기하면 더욱 의미 있을 것이다.

4장

어릴 때부터
시작하는
'돈 관리'

어려서부터 돈 버는 재미를
느끼게 하라

아이들에게 미안한 마음에 용돈을 넉넉히 줬던 40대 워킹맘 A씨는 최근 마음을 달리 먹었다. 아이 용돈을 필요한 것보다 조금 부족한 듯 주기로 한 것. 그런데 1주일이 채 지나기 전에 부족한 용돈을 메울 방법을 찾겠다며 아들이 가족회의를 소집하고 나섰다.

"아빠, 아빠는 어릴 때 용돈 벌려고 어떤 일을 해봤어요?"
"응, 아빠는 할아버지 구두를 닦아드렸어. 그리고 할머니 슈퍼 심부름하고 잔돈을 받았지."
썩 마음에 드는 답변이 아닌지 엄마에게 질문한다.
"그럼 엄마는요?"

"엄마는 할머니 흰머리를 뽑아드리고 한 가닥에 10원씩 받았어. 그거 말고는 뭐 특별히 생각나는 게 없네."

회의에서 별다른 소득이 없겠다는 걸 직감한 아들은 친구들이 어떻게 용돈을 버는지 알아보기로 한다. 아빠 엄마도 각자 방법을 알아보겠다고 약속하고 가족회의를 마쳤다.

아이가 돈을 버는 방법에는 뭐가 있을까? 인터넷 검색창에 검색해 보니 아이디어가 넘쳐난다. '우리 아이 돈 버는 100가지 방법', '아이들이 돈 벌 수 있게 하는 좋은 아이디어', '연령별 돈 버는 방법' 등 자료가 무궁무진하다. 하지만 '전단지를 돌리는 알바를 해라.', '앱을 만들어 돈을 벌어라.', '편의점 알바를 해라.', '유튜버가 되어라.' 외에는 특별한 아이디어를 찾아볼 수가 없다. 내 아이가 하기에는 뭔가 부적절해 보인다.

'학교와 학원 다니기도 바쁜데 돈까지 벌면 학교 공부는 어쩌지?'

'돈은 나중에 커서 벌면 되지 않나?'

'용돈 번다고 일 벌이고 사고 치면 피곤한데, 그냥 이전처럼 용돈 넉넉히 줄까?'

불안감과 의구심이 슬슬 차오르기 시작한다.

그렇다면 안전하고 재미있게 돈을 버는 방법은 어떤 것들이 있을까?

부모가 아이에게 돈의 가치를 가르치고 돈을 재미있게 벌 수 있게 격려해주는 것은 평생 필요한 기술을 전수해주는 것과 같다. 부모의 지갑이나 ATM 기기에서 돈이 저절로 나오는 줄 아는 아이가 많다. 자신이 필요로 하거나 원하는 것은 저절로 생기는 것이 아니라 열심히 일해서 얻은 것이라는 것을 알려주자. 돈을 버는 것이 노동에 대한 정당한 대가를 받는 일임을 깨달은 아이는 돈이 얼마나 소중한지 자연스럽게 이해하게 된다.

아이들이 돈을 벌었을 때 느끼는 성취감은 그 어떤 금융교육보다 효과가 크다. 만약 아이가 돈에 호기심을 보이고, 더 나아가 돈을 벌어보고 싶어 한다면 지지해주자. 내 아이가 성인이 되어 풍요롭고 안정된 생활을 하기 위해 준비 과정에 돌입했다는 신호니까 말이다.

'홈 아르바이트'부터 시작하자

'홈 아르바이트(홈알바)'는 어릴 때부터 할 수 있다. 아이가 갖고 싶은 물건이 생겼을 때 사달라는 대로 사주지 말고 집안일을 도와서 스스로 용돈을 벌 기회를 주는 것이다. 아이가 갖고 싶은 장난감이 3만 원이고 부모가 준 용돈으로 저축한 돈이 2만 원이 있다면 나머지 1만 원은 집안일을 하고 받은 용돈으로 충당하도록 격려해주는 식이다.

아이에게 빨래 개기, 화분에 물주기, 심부름하기, 유리창 닦기와 같은 집안일을 돕게 하자. 부모와 함께 집안일을 하면 가족의 일원으로서 책임을 자연스럽게 받아들이게 된다. 여기에 용돈이라는 보상이 뒤따른다면 아이는 노동의 가치도 깨달을 수 있다. 단, 숙제하기, 책 읽기, 일기 쓰기와 같이 아이가 꼭 해야 하는 일을 홈알바에 포함시키지 않도록 주의하자.

어떤 부모는 아이가 가족 구성원으로서 집안일을 돕는 것이 당연하다고 생각할 수 있다. 이럴 때는 엄마의 네트워크를 이용해보자. 옆집 유리창을 닦아주거나 이웃의 심부름을 해주고 돈을 번다면 이런 우려에서 조금 비켜나갈 수 있다. 비슷한 나이대의 자녀를 둔 부모끼리 자녀들에게 돈 벌 기회를 만들어준다면 내 아이의 가장 이상적인 용돈 벌이가 될 것이다.

판매를 경험하게 하자

아이와 함께 학교나 지역사회에서 개최하는 '벼룩시장'에 참여해보자. 아이가 쓰던 물건을 팔아 돈을 버는 체험은 내 아이가 가정이라는 테두리를 벗어나 사회에서 접하는 첫 번째 경제활동이 될 수 있다.

판매할 물건을 고르고 가격을 책정하는 것뿐만 아니라 다른 판매자와의 경쟁에서 어떻게 하면 더 좋은 결과를 낼지, 판매 수익을 어떻게 관리할지, 판매를 통한 이익은 어떻게 쓸지 등 아이가 벼룩시장에 참가하기 위해서는 생각하고 준비해야 할 것들이 아주 많다. 벼룩시장에서 물건을 한 번 팔아보는 것만으로 아이는 세일즈, 마케팅, 운송, 회계 과정을 고루 경험해볼 수 있다.

아이가 이 모든 과정을 준비하는 게 쉽진 않다. 그래서 부모님이 다 준비하고 아이는 현장에서 물건만 팔게 하는 경우가 많다. 그것은 금융교육이 아니라 '판매 체험' 밖에 안 된다. 아이와 상의하면서 모든 과정을 하나하나 같이 준비해보기를 추천한다. 남은 물건과 수익금 일부를 기부하게 하면 함께 사는 세상의 즐거움도 덤으로 느낄 수 있다.

아이의 재능을 활용하자

내 아이는 이미 집안일 돕기로 용돈을 벌고 있고, 다양한 형태로 돈을 벌고 있는가? 그렇다면 다음 단계는 아이의 '재능으로 돈 벌기'다. 아이들은 각각 뛰어난 재능을 가지고 있다. 그 재능을 발휘해서 대회나 공모전에 도전한다면 상금도 받을 수 있고 재능을 계발시킬 수도 있다. 공모전은 자신의 실력을 검증할 기회이자 실력을 향상시킬 수 있는 기회다. 공모전을 준비하면서 기울인 노력은 아이를 더욱 성장시킬 뿐만 아니라 나중에 진로를 정하는 데도 도움을 줄 수 있다. 아직 어린아이가 도전하기에는 너무 거창해 보일 수 있지만, 어린이나 청소년을 대상으로 하는 공모전도 많으니 관심이 있다면 찾아보길 권한다.

'어린이 기업가'에 도전하라!

법적으로 만 15세 이상부터 아르바이트를 할 수 있기 때문에 그보다 어린아이가 용돈을 벌 기회는 많지 않다. 아이들에게 사업을 구상해보고 적은 돈이라도 벌어보게 하면 어떨까? 자신만의 사업을 운영해본다면 아이는 조직 구조, 자금 운용, 문제해결, 커뮤니케이션과 같이 기업 운영에 필요한 기술을 개발할 수 있을 것이다.

중소기업청에서 서비스한 '우리는 어린이 CEO 시즌2(iOS용)'는 어린이 기업가가 되고 싶은 아이가 재밌게 할 수 있는 게임이다. 이는 가상으로 CEO를 체험해 볼 수 있도록 중소벤처기업부와 창업진흥원에서 개발한 무료 창업게임으로 규모와 형태가 다른 7가지 창업 아이템을 체험하면서 기업가 정신도 키울 수 있다.

아이의 창업 경험은 단순히 돈을 벌고 못 벌고의 문제가 아니다.

아이는 이러한 경험을 통해 기업 활동을 자연스럽게 받아들이고, 성공적인 기업 운영에 대한 호기심과 열정을 키워나가게 될 것이다. 아이가 번 돈을 투자, 저축, 소비, 기부를 위해 나눠 쓰고 기록하게 하는 것도 잊지 말자. 가장 중요한 것은 아이가 돈을 버는 활동, 그 자체를 칭찬해주는 것이다. 칭찬이 따라온다면 돈을 버는 것에 대한 동기부여가 더욱 확실해질 것이다. 덤으로 자신감도 쑥쑥 자랄 것이다.

아이의 투자 호기심을
자극하라

✦

"오늘은 다음 주에 체험학습에 갈 '증권 박물관'에 대해서 미리 공부해볼 거예요. 증권이 뭔지 아는 사람 대답해볼까요?"

선생님의 질문에 한 녀석이 자신 있게 답한다.

"주식이요!"

"주식도 맞아요. 증권 박물관에 가면 디즈니 주식도 볼 수 있고, 미래에 내가 설립할 회사의 증권도 직접 만들어 볼 수 있으니까 재미있겠죠?"

선생님 말씀이 끝나기도 전에 여기저기서 아이들이 한마디씩 한다.

"엄마가 주식 투자하면 망한다고 했어요. 그런데 왜 그런 곳엘 가는 거예요?"

"아니야, 워런 버핏은 어렸을 때부터 주식 투자해서 부자가 됐다고 책에 나와 있어."

금융기관에서 실시하는 어린이 금융교육 수업에서 아이들에게 투자가 뭐냐고 물어보면 "도박이요!"라고 답하는 학생들이 꽤 많다고 한다. 내 아이는 아직 어려서 '투자'에 대해 가르칠 필요가 없다고 생각하는 부모도 있을 것이다. 혹은 예금, 적금밖에 모르는 금융 문외한이라면 아이에게 투자에 대해 가르치는 것이 겁이 날 수도 있다. 투자라고 하면 어렵게 생각되겠지만, 아이가 용돈을 다 써버리지 않고 미래를 위해 용돈 일부를 저축해왔다면 이미 투자 활동을 시작한 것이다. 저축한 돈을 통장에 입금한다면 이자 수익을 위해 투자한 것이고, 유망한 회사의 주식을 샀다면 투자 수익에 투자한 것이다.

내 아이를 위한 투자라면 단기적인 관점의 수익률만 생각하지 말고 아이가 자라서 자신의 꿈과 목표를 이룰 수 있게 도와주는 장기적이고 거시적인 발판으로 여겨야 한다. 미래를 위한 투자는 아이가 어렸을 때부터 시작해야 기초를 충분히 다질 수 있다. 어릴 때부터 경험을 쌓으면서 판단력을 키워나간다면 투자에 능숙해질 가능성이 크다. 아이들이 생활 속에서 투자에 호기심을 가지고 투자 활동을 할 수 있게 도와줄 방법을 소개한다.

설명은 쉽고 간단하게

"투자는 내 돈을 이용해서 더 많은 돈을 버는 방법이란다."

"통장에 있는 돈은 가만히 있지 않고 열심히 여행하는 중이야. 여행하면서 만난 친구들을 데리고 통장으로 다시 돌아온단다. 그 친구들을 이자라고 해."

"주식을 산다는 것은 그 회사의 일부를 사는 거란다. 회사의 주인 중 한 명이 되는 거지. 그렇다면, 그 회사가 잘 크는지 지켜봐야겠지?"

어려운 용어로 설명하지 말고 쉽게 이해할 수 있도록 설명하자. 단, 아이의 나이와 상관없이 기초 상품부터 시작하자. 가령 아이와 함께 저축한 돈을 갖고 찾아간 은행에서 은행 직원의 권유나 부모의 지나친 욕심으로 ETF(상장지수펀드)나 뮤추얼 펀드에 가입했다고 생각해보자.

아이는 자신의 소중한 돈으로 투자한 ETF와 뮤추얼 펀드가 무엇인지 궁금할 것이다. 부모가 그 차이를 설명하기도 어렵지만 아무리 잘 설명한다고 해도 아이가 이해하기는 쉽지 않다. 내 아이를 위한 투자는 구조가 복잡하고 이해하기 어려운 상품보다 상대적으로 간단한 기초 상품부터 투자하는 것이 좋다.

아이가 투자에 관심을 가지고 친숙해질 수 있는 좋은 방법은 직접 체험할 기회를 주는 것이다. 증권 박물관, 은행사 박물관, 한국금융사 박물관, 화폐금융 박물관에서 투자와 금융에 관련된 다양한 어린이 체험 프로그램을 운영하고 있다. 다양한 체험학습에 참여하다 보면 아이의 투자에 대한 이해도가 높아질 것이다.

내 아이의 스타일에 맞춰서 재미 있게

아이와 투자 관련 대화를 할 때는 내 아이의 스타일에 맞게 하자. 시각적인 감각이 발달한 아이라면 투자에 대한 이야기를 듣는 것을 지루해할 수도 있다. 이런 아이는 말로 설명해주는 것보다 사진이나 앱과 같이 시각적인 자료를 사용해서 설명해보자. 이야기 듣기를 좋아하는 아이라면 복잡한 도표나 수치로 설명된 투자 결과나 자료를 보여주는 것이 오히려 투자에 대한 관심을 떨어뜨릴 수 있다.

타인과 경쟁하고 게임하는 것을 좋아하는 아이라면 부루마블, 모노폴리 같은 보드게임이나 투자 시뮬레이션 앱을 통해 놀이처럼 배워나가는 것도 좋은 방법이다. 한국거래소 증권교실에서는 초등학생들이 쉽고 재미있게 증권과 투자의 개념을 학습할 수 있고, 금융감독원의 금융교육센터 홈페이지에서는 가상의 투자가가 되어 돈을 버는 과정을 배울 수도 있다.

투자를 설명할 때는 스토리와 함께

아이들은 이야기를 좋아한다. 투자 아이디어나 투자 활동에 이야기를 접목하자. 건조하게 설명하는 것보다 할아버지, 할머니, 삼촌, 아빠, 엄마가 투자와 관련하여 직접 겪은 경험담으로 얘기를 시작해 보는 식이다. 예를 들면 이렇다.

"엄마가 이 집을 처음 보는 순간, 우리 가족을 위한 최고의 집이라는 생각이 들었어. 그래서 이 집을 사려고 아빠랑 함께 꾸준히 저축했거든. 저축하는 동안 힘들긴 했지만, 이 집에서 네가 태어난 걸 생각하면 참 뿌듯해."

"아빠는 이 회사의 의료기기로 치료를 받고 나서 아픈 곳이 많이 나았어. 병원에서 만난 많은 환자가 아빠처럼 효과를 봤다고 해서 아빠는 이 회사가 크게 성장할 거라고 확신했지. 그래서 그 회사의 주식을 꾸준히 사들여서 돈을 벌고 있단다."

엄마와 아빠의 이야기를 듣고 자란 아이들은 투자가 우리 생활과 동떨어진 어려운 개념이 아니라는 것을 자연스럽게 받아들이게 된다.

아이가 좋아하고 관심 있는 것부터

미국에서 '겨울왕국'(2013)이 인기를 누리던 때 엘사 인형 대신 월트 디즈니의 주식을 선물하는 투자교육이 인기였다. 아이가 주식 투자에 첫발을 내디딜 때 가장 중요한 것은 내 아이의 관심과 호기심이라는 사실을 잊지 말자. 아이에게 좋아하는 회사나 브랜드가 생기면 물어보자.

"너도 그 회사의 주인이 되고 싶니?"

만약 아이가 디즈니 만화에 푹 빠져 있다면 "너도 디즈니 만화를 만드는 회사의 주인이 될 수 있어."라고 알려주고, 아이에게 그 회사의 주식을 사는 방법을 알려준다. 자동차라면 모르는 것이 없는 아이에게는 자동차에 대한 호기심만큼 자동차회사의 성장과 아이의 꿈을 함께 키워나가게 하자. 게임이라면 정신을 못 차리는 아이라면, 게임 개발 회사와 유통회사를 조사하고 게임 산업에 대한 투자로 아이의 시야를 넓혀주자. 아이돌 그룹에 푹 빠져 있다면 상장된 연예기획사의 주식을 고르게 하자. 아이들은 자기가 좋아하는 것만큼 그 회사의 주식 변화를 관심 있게 지켜볼 것이다.

내 아이가 아직 특별히 관심을 보이는 분야가 없다면 가족과 함께 외식할 때 레스토랑을 소재로 대화해보는 것도 좋다. "이 레스토랑 음식을 좋아하는구나. 친구들도 좋아할까? 우리도 이 레스토랑의 주인이 되어볼까?"라고 호기심을 끄는 것이다. 아이가 좋아하는 브랜드의 옷이 있다면 레스토랑처럼 주식 고르기가 쉬워진다. "이 브랜드의 옷이 마음에 들어? 이 브랜드가 다른 브랜드랑 다른 점이 뭘까? 너도 이 회사의 주인이 될 수 있어."라고 관심을 끌어보자. 아이가 좋아하는 어떤 분야도 투자의 대상이 될 수 있다.

자신이 좋아하는 회사의 주식을 직접 고른 아이는 주식에 생기는 변화에 흥미를 갖게 된다. 그리고 기업의 성장을 지켜보고 기다리면서 자신의 주식이 꿈과 함께 성장하고 있다는 것을 느끼게 될 것이다.

부자교육을 완성시키는
금융 가치관

✦

부자교육을 완성시키는 '부채' 교육

신용과 부채는 어린아이에게 설명하기에 다소 어려운 개념 같지만, 어렸을 때부터 쉽게 가르쳐주어야 한다. 빚과 신용에 대해 아이에게 가르쳐줄 수 있는 가장 쉬운 소재는 바로 아이의 '용돈'이다. 용돈으로 장난감을 사려고 꾸준히 저축해왔지만 2만 원짜리 변신 로봇을 사려고 하니 딱 5,000원이 모자란다. 용돈 관리 능력을 키우기 위해서라면 2만 원이 다 모일 때까지 기다리는 습관을 키워줘야 하지만, 만약 내 아이가 이미 올바른 저축 습관을 잘 갖추고 있다면 5,000원을 빌려주는 시도를 해보자.

"엄마는 네가 평소에 저축도 열심히 하고 용돈을 아껴 썼기 때문에 너를 믿고 5,000원을 빌려줄 거야. 네가 만약 저축도 안 하고 용돈을 마구 써서 엄마가 너를 믿지 않게 됐다면 너에게 이 돈을 빌려주지 않겠지? 너의 평소 습관 덕분에 엄마에게 높은 점수를 받은 거야. 이 돈은 공짜가 아니니까, 다음 용돈을 받을 때 꼭 갚아야 해."

이렇게 말하고 돈을 빌려주면 이것이 내 아이가 경험하게 될 최초의 신용거래이자 부채가 될 것이다. 아이는 엄마가 자신을 '신뢰'한다는 사실에 자부심을 느끼고, 높은 점수라는 말에 돈과 관련된 자신의 행동에 '평가'가 내려지고 있음을 느낀다. 또한 '빌린다'는 것은 꼭 갚아야 한다는 '책임'이 뒤따른다는 것도 깨닫게 된다.

이번 달에 생일인 친구가 2명이나 있어 선물을 사느라 용돈을 다 써버린 아이라면 이 경우도 신용에 대해 가르쳐줄 좋은 기회다. 아이에게 필요한 용돈을 미리 빌려주고 다음 달 용돈에서 조금씩 갚아나가게 하거나, 다음 달 용돈에서 빌린 금액만큼 제하고 용돈을 주자. 만약 아이가 이자에 대한 개념을 이해하고 있다면 빌린 돈보다 조금 더 받는 시도를 해보는 것도 좋다. 약속을 잘 지켜 갚아나간다면 이 자율을 낮춰주는 방법도 시도해보자. 아이는 빚을 갚는 방법에는 여러 가지가 있으며, 빌린다는 것은 대가를 요구하고 그 대가는 신용도에 따라 달라진다는 사실을 알게 될 것이다.

만약 빌린 돈을 약속대로 갚지 않는다면? 절대 그냥 넘기지 말자. '믿음'을 깬 것에 대한 실망을 표시하고 다음 달 용돈을 줄이자. 그리고 아이의 '신용 점수'가 낮아졌음을 알게 하고 다음에 용돈이 부족하거나 급한 일이 생겼을 때 엄마가 빌려주기 어려울 수도 있다고 말해두자. 돈을 약속대로 갚지 못하는 경우 용돈을 빌려줄 때 높은 이자를 달라고 하는 것도 좋은 교육 방법이다. 물론 아이는 이 거래가 비정상적이라는 것을 알아채고 반감을 표시할 것이다.

"만약 네가 약속을 자주 어기면 아무도 돈을 빌려주려고 하지 않을 거야. 너는 더 높은 이자를 달라고 하는 사람에게 돈을 빌리게 되겠지? 그러면 높은 이자를 내느라 돈을 다 써버리게 되고 계속해서 돈을 빌리며 살아가야 한단다."

신용과 부채교육에서 빠트리지 말아야 할 점은 '부채의 위험성'을 알려주는 것이다. 돈을 빌리기 전에 꼭 빌려야 하는지, 빌린 돈을 갚을 수 있는지, 만약 제때 못 갚으면 어떤 일이 일어날지 아이와 이야기를 나눠보고 과한 빚으로 경제적 파탄에 놓인 사례도 알려주자.

가정에서 용돈을 통해 신용의 중요성과 편리함, 부채의 대가와 책임 등에 대해 미리 경험해본 내 아이는 사회에서 나가서도 안정적이고 책임감 있는 금융 생활을 해나갈 수 있을 것이다.

사람을 남기는 관계의 비밀 '신용'

학교 친구에게 물건을 빌려주고 약속한 날짜가 지나도 돌려받지 못하고 있는 아이에게 물어보자. "그 친구가 너한테 돈을 빌려달라고 하면 어떻게 할 거야?" 아이는 빌려주지 않을 거라고 대답할 것이다. 그럴 때 아이에게 말하자. "그 친구는 너에게 믿음을 주지 못했구나. 신뢰를 잃으면 친구라도 돈을 빌려주고 싶지 않지."

신용의 기본은 믿음에서 출발하고, 신용을 잃으면 급한 일이 생겨도 돈을 빌릴 수 없을 뿐만 아니라 친구를 잃을 수도 있다는 사실을 아이에게 알려주자. 친구에게 돈을 빌려줄 때 평소에 친구가 약속을 잘 지키는지 평가한 후 빌려주듯, 은행도 마찬가지로 돈을 빌리는 사람을 꼼꼼히 평가한다는 사실을 알게 하는 것이 중요하다.

또한 약속대로 빌린 돈을 갚을 능력이 있는지, 평소에 세금이나 휴대폰 요금같이 공과금을 제때 납부한 사람인지 알아보고 신용 점수가 높은 사람에게만 돈을 빌려준다는 사실도 알려주자.

"엄마는 신용 점수가 높아서 급할 때 돈을 빌릴 수 있고 신용카드도 받을 수 있어. 만약 약속을 지키지 않으면 엄마는 갚지 못한 금액보다 더 큰 금액을 지불하거나 신용카드를 못 쓰게 되지."

은행과의 약속을 친구 관계에 빗대어 설명하면 아이가 좀 더 쉽게 이해할 수 있다.

투자를 통하여 배우는 '인내'

"투자는 시간과의 긴 싸움"이라는 것을 알려주자. 따라서 이익 실현의 주기를 길게 정하고 아이가 꿈을 실현하기 위해 돈이 필요할 무렵 투자의 이익을 실현하기를 바란다. 아이는 투자 성과를 확인하기 위해서 참고 기다리는 자세가 필요하다는 것을 배우게 된다. 단타로 투자 상품을 사고파는 모습을 보여준다면 투자는 어렵고 귀찮은 일처럼 느껴질 것이다.

"오래 기다린다는 것은 참 멋진 일이야. 나중에 돈이 얼마나 많아졌을지 상상하는 것은 참 즐거운 일이지."라며 아이가 설렘을 느끼게 해주자. 아이의 진로, 목표, 꿈과 투자의 기간을 잘 맞춰서 투자 이익을 실현함으로써 아이가 투자한 상품과 내 아이가 함께 성장하는 기쁨을 누려보길 바란다.

그리고 손실을 두려워하지 말자. 내 아이의 소중한 돈을 잃게 될까봐 투자를 가르치기 꺼리는 부모들이 많다. 우리는 투자를 잘하는 방법을 가르치려는 것이 아니다. 만약 손실이 발생하면 아이는 투자를 한다고 해서 무조건 이익을 얻는 것이 아니라는 것도 배울 수 있다. 또 투자에는 항상 리스크가 뒤따르고 이를 최소화하기 위해 시장에 관심을 기울이고 경제 뉴스에 귀 기울여야 한다는 것을 직관적으로 알아챈다. 투자교육은 이익이나 손실 그 자체보다 투자에 대한 가치관 형성이 더 중요하다.

아이와의 대화를 통해 합리적으로 투자해야 한다는 것을 알려주자. 전 재산을 투자하거나 빚을 내 투자한 주변 사람의 이야기를 들려주며 왜 이런 투자를 하면 안 되는지 알려줄 수 있다. 제대로 알지 못하는 상품에 투자해서 손해를 입었거나 남의 말만 듣고 주식에 투자해서 큰 손실을 본 이야기도 해주자. 부모가 투자 상품을 고를 때 회사의 현재 상태와 앞으로의 발전 가능성 등을 꼼꼼히 살피는 모습을 보여주는 것도 투자의 기본 원칙을 알려주는 좋은 방법이다. 투자 상품의 변동 상황을 살펴보며 현명하게 대처하는 부모의 모습은 아이에게 최고의 투자교육이 될 것이다.

투자교육은 아이들에게 어려운 금융 상품의 개념이나 단기적인 이익을 얻기 위한 '스킬'을 가르치는 것이 아니다. 아이의 꿈을 이루기 위해 투자에 대한 올바른 가치관을 심어주고 아이가 투자한 상품과 함께 성장하는 것을 지켜보는 것, 그것이 내 아이를 위한 투자교육의 핵심이다.

'기부'로 배우는
나눔의 가치

'내 아이가 외롭고 인색하더라도 부자면 된다.'고 생각하는 부모는 없을 것이다. 아이들이 윤택하고 풍요로운 삶을 누리면서 사회적 책임을 다하고 주변 사람들도 함께 잘살게 하는 방법은 무엇일까? 내 아이를 행복하고 존경받는 부자로 만드는 법, 즉 열심히 번 돈을 다른 사람을 위해 가치 있게 쓰는 '기부'에 답이 있다.

자수성가한 부자들은 대부분 돈을 목표로 일하지 않았다. 스티브 잡스는 "나는 결코 돈 때문에 일하지 않았다. 모든 사람의 손에 컴퓨터를 쥐어주고 싶었다."는 단순한 비전으로 애플을 창업했다. 인도 2위 규모의 IT 기업인 인포시스의 창업자 나라야나 무르티 Narayana Murthy는 빈곤을 해결하기 위해 일자리를 창출하기 위한 목적으로 창업의 길을 선택했다.

기부는 부자들만 하는 것이 아니다. 어릴 때부터 자신의 돈을 다른 사람을 위해 쓰는 경험을 하면 아이들은 돈이 어떻게 세상에서 가장 값진 선물로 바뀌는지를 알게 된다.

사람들은 보통 기부를 남에게 내 것을 나눠 주는 것으로 생각한다. 하지만 오롯이 주기만 하는 것은 아니다. 기부나 자선 활동을 통해 '주는 것'보다 오히려 '얻거나 배우는 것'이 더 많다. 아이는 기부를 통해 돈을 '물건을 사는 도구'로만 생각하지 않고 '사람들을 돕고 행복하게 만들어줄 수 있다.'는 것을 알게 된다. 돈의 진정한 가치를 깨닫게 되는 것이다.

돈을 버는 목적은 기본적인 생계를 영위하기 위해서이기도 하지만 돈을 벌고 쓰는 활동을 통해 목표를 이루고 성취하며 가치 있는 삶을 추구하는 데도 있다. 주변 사람들과 더불어 행복하고 더 나은 삶으로 나아가는 것 말이다. 돈의 진정한 가치를 아는 아이는 돈을 계획성 없이 함부로 쓰거나 타인과의 관계에서 신용을 잃는 일은 없을 것이다. 또한 노력하지 않고 돈을 버는 헛된 꿈을 꾸지 않게 되니 기부는 그 어떤 금융교육보다 중요하다고 할 수 있다.

기부하는 아이는 타인을 돕는 행위를 통해 자신이 누군가에게 도움을 줄 수 있고 꼭 필요한 사람이라는 느낌을 받는다. 누군가에게 꼭 필요한 사람이라는 사실, 그보다 긍정적인 만족감과 자존감을 높여주는 것은 없다. 자존감 높은 아이는 기부하고 봉사하면서 나누는 것의 즐거움을 알게 된다. 이는 주변을 배려하는 마음, 다른 사람을 존중하는 마음으로 확대되고 사회 구성원으로서 사회적 책임을 인지하게 되며 미래의 리더가 될 수 있는 기본 소양을 다지게 된다. 기부 활동은 내 아이가 돈의 한정된 가치를 초월해서 사회적으로 성숙한 사람이 되도록 이끌어준다.

사회성이 쑥쑥 자라는 나눔 교육

기부 또한 어렸을 때부터 해야 습관이 된다. 아동 발달 전문가들은 아이가 3~4살이 되면 '나눔'에 대한 개념이 생긴다고 한다. 이 나이가 되면 아이들은 '자선 활동'이나 '기부'가 주는 의미를 이해하기 시작한다. 아이들이 자신의 부모가 행하는 나눔, 자선, 그리고 기부 활동을 자주 보고 경험하게 하자. 아이가 자신의 용돈을 관리할 수 있는 나이가 되면 '기부를 위한 저축'을 당연하게 받아들이게 된다.

① 기부는 '나눔'의 마음가짐부터

아이가 기부의 가치를 알고 실천하기 전에 갖추어야 하는 것이 있다. 바로 다른 사람들과의 '나눔'을 자연스럽게 받아들이는 것이다. '나눔'의 마음가짐은 동생과 물건 나눠 쓰기, 친구들과 간식 나눠 먹기, 친구와 우산 같이 쓰기, 지하철에서 노약자에게 자리 양보하기와 같이 일상생활에서 쉽게 배울 수 있는 것들이다. 일상생활에서 '나눔'을 잘 행하는 아이가 돈과 관련된 나눔도 잘할 수 있다.

부모가 평소 사람들과 잘 나누고 주변 사람들을 배려하는 모습을 아이에게 보여주자. 무거운 짐을 들고 가는 어르신의 짐을 들어준다든지, 길을 묻는 사람에게 친절하게 가르쳐준다든지, 주차장에서 뒤에 들어올 차를 위해 주차하기 편한 장소를 양보하고 안쪽에 주차한다든지, 눈이 올 때 우리 집 앞뿐만 아니라 다른 사람들이 지나가는 길도 치우는 부모의 모습을 보고 자란 아이는 남을 위한 작은 배려를 당연한 것으로 여기게 된다. 남과 나누고 배려하는 생활에 자주 노출되어 익숙해지면 아이는 기부의 가치를 쉽게 받아들일 수 있다.

② 기부할 곳은 아이가 스스로 찾게 하자

아이가 무엇을 가장 중요하게 생각하는지 그 가치를 먼저 찾게 하자. 친구를 좋아하는 아이라면 친구를 위해 돈을 기부하게 하는 것이다. 용돈을 아껴 모은 소중한 돈을 어려운 일을 겪고 있는 친구를 돕는 데 쓴다면 아이는 기부의 효과를 가장 가까이서 보고 느낄 수 있게 된다.

아이가 평소에 동물에 관심이 많으면 동물 보호단체나 유기동물 보호소에 기부하게 하자. 환경보호의 필요성과 개념을 이해하지 못하는 어린아이에게는 환경보호 단체에 기부를 권하는 것보다는 북극곰 살리기 캠페인에 참가하고 기부하게 하는 것이 훨씬 효과적이다. 주변에 암이나 희귀병을 앓고 있는 가족이나 친척이 있다면 암 환자 지원 시설이나 단체에 기부하는 것도 좋다.

기부할 대상을 가까운 이웃과 친구에게서 찾는 것이 기부의 결과와 변화를 직접 볼 수 있어 교육에 더욱 효과적이다. 만약 아이가 특별히 도와주고 싶은 대상을 찾지 못했다면 인터넷에서 다양한 자선활동 단체를 찾아 보여주면서 어느 단체의 활동에 관심을 보이는지 관찰한 다음 아이와 함께 정하면 된다.

③ 온 가족이 함께 참가하는 가족 활동으로 만들자

가족 구성원 모두가 자원봉사 활동에 참여하거나 아이와 함께 후원금을 내고 온 가족이 함께 자선단체에 방문해 봉사하는 것도 좋은 방법이다. 부모와 함께하는 시간을 통해 아이들은 기부와 자선활동을 바람직하고 즐거운 가족 활동의 하나로 여기게 된다. 부모가 자선모금함에 돈을 기부하는 모습을 보여주고 바자회에 내놓을 물건을 아이와 함께 골라보고 아이가 자선 행사에서 작은 역할이라도 맡아보게 하자. 아이가 타인에게 공감을 나타내거나 관대한 마음을 표현

하면 크게 칭찬해주자. 이런 활동을 통해 아이는 가족 구성원과의 연대감과 사회성을 키울 수 있을 뿐만 아니라 내 가족, 내 친구, 내 지역을 넘어서 더 넓은 세상을 향한 관심과 애정으로 마음을 키워나갈 수 있다.

④ 기부는 지속해서 하자

기부는 일회성으로 하는 것보다 지속함으로써 아이에게 습관이 되게 하는 것이 중요하다. 아이가 기부할 때마다 아이 이름으로 기부했다는 사실을 직접 확인시키고 칭찬해주는 것이 좋다. 내 아이가 기부에 대한 관심과 에너지를 계속해서 유지하고 발전시킬 방법을 소개한다.

첫째, 1년에 한 번씩 아이가 작아진 옷을 고르게 하고 고른 옷을 챙겨서 직접 기부함에 넣게 하자. 직접 기부단체에 찾아가서 회원가입을 하고 기부하면 그 단체에 소속감을 느끼게 된다. 기부하는 습관과 함께 봉사단체와 연대감을 느끼게 되니 더욱 효과가 커진다. 이때 아이가 사용하지 않는 장난감이나 학용품, 다 읽은 책을 같이 기부하는 것도 좋다.

둘째, 아이가 '기부 저금통'을 만들게 하자. 용돈의 일부를 꾸준히 저축해서 아이가 기부 저금통을 가득 채우면 엄마가 일부를 보태 함께 기부하자고 약속하는 것이다. 아이에게 자신이 기부한 돈이 어떤 활동에 쓰였는지를 설명해주면 좋다. 아이와 함께 기부 저금통을 언제까지 채울지 계획하고 다음에는 누구를 위해 기부하고 싶은지에 대해서도 얘기를 나눠보자. 아이들은 기부에 대해 더 자주, 그리고 더 구체적으로 생각하게 된다.

셋째, 부모가 후원 단체와 함께 자선 활동을 계획하고 참여하며 후원을 받는 사람들과 정서적으로 교감하는 모습을 보여주자. 정기적으로 기부하고 후원하며 봉사하는 부모의 모습을 보고 자란 아이들은 나중에 자신이 돈을 벌게 되면 자연스럽게 정기후원 신청서에 서명하게 될 것이다.

넷째, 아이는 부모님이 개인의 만족보다는 사회, 그리고 도움이 필요한 사람들에게 관심과 애정을 쏟는다는 사실에 존경심을 가지게 된다. 아이를 위해 생일파티를 열게 된다면 아이의 친구들에게 생일 선물 대신에 기부할 물건을 하나씩 챙겨와 달라고 부탁하는 초대장을 만들어 돌리게 해보자. 선물을 받는 기쁨과 선물을 주는 기쁨을 함께 느낄 수 있다. 친구들은 아이가 기부하는 모습에 응원을 보내게 될 것이다.

다섯째, 자선단체 활동에 관심을 기울이다 보면 다른 사람을 돕는 삶에 대해 더 자주 생각하고 그 단체의 활동에 대하여 새로운 아이디어를 생각해낼 수 있다. 이런 경우, 기획된 행사에 참여하는 것보다 더 크게 기여하게 되니 보람도 커진다. 작은 마음이 어떻게 큰 영향을 미치고 변화를 가져오는지 직접 확인할 수 있다면 내 아이는 더 큰 보람을 느끼고 계속해서 기부하고 싶다는 마음이 들 것이다.

⑤ 아이가 기부에 거부감을 표한다면

만약 아이가 돈에 욕심을 부리거나 남을 돕는 것에 거부감을 표시한다면 아직 '자선'의 개념을 이해하지 못하고 그 가치를 받아들일 준비가 되어 있지 않은 것이다. 이런 경우에는 기부가 아무리 올바른 가치라고 하더라도 강요하지 말고 기다려주어야 한다. 부모가 실망하는 모습을 보이면 아이는 부모가 정한 규칙에 분노하고 나눔에 대해 부정적으로 인식하게 될 수도 있다. 아이가 스스로 받아들이고 관심을 표할 때까지 기다려주는 마음가짐이 필요하다.

타고나기를 남에게 주기를 좋아하는 아이들도 있다. 욕심이 많고 내 것을 절대 안 놓치려고 하는 아이들보다 '자선'을 가르치기 쉬워 보인다. 하지만 이런 경우 함께 잘 사는 행복을 추구하는 것이 아니라 타인과의 갈등 상황에서 자신의 것을 쉽게 포기하거나 돈을 줘서 문제를 해결하려는 성향일 수도 있다. 이런 성향의 아이라면 다른 방식으로 문제를 해결하도록 부모의 지도가 필요하다. 아이에게 금융 교육을 하는 목적은 경제적으로 윤택한 것에만 제한되지 않고 책임감 있고 주도적으로 문제를 해결해나가는 태도를 키우기 위해서다.

18세 이전에 알아둬야 할

생애 첫 돈공부

2020년 11월 2일 초판 1쇄 발행

지은이 · 라이프 포트폴리오 ┃ 기획 · 장혜성
펴낸이 · 김상현, 최세현 ┃ 경영고문 · 박시형

책임편집 · 김명래 ┃ 디자인 · 이정현
마케팅 · 양근모, 권금숙, 양봉호, 임지윤, 조히라, 유미정 ┃ 디지털콘텐츠 · 김명래
경영지원 · 김현우, 문경국 ┃ 해외기획 · 우정민, 배혜림 ┃ 국내기획 · 박현조
펴낸곳 · (주)쌤앤파커스 ┃ 출판신고 · 2006년 9월 25일 제406-2006-000210호
주소 · 서울시 마포구 월드컵북로 396 누리꿈스퀘어 비즈니스타워 18층
전화 · 02-6712-9800 ┃ 팩스 · 02-6712-9810 ┃ 이메일 · info@smpk.kr

ⓒ 라이프 포트폴리오(한화투자증권 공식 블로그)
(저작권자와 맺은 특약에 따라 검인을 생략합니다)
ISBN 979-11-6534-253-1(04320)

쌤앤파커스(Sam&Parkers)는 독자 여러분의 책에 관한 아이디어와 원고 투고를 설레는 마음으로 기다리고
있습니다. 책으로 엮기를 원하는 아이디어가 있으신 분은 이메일 book@smpk.kr로 간단한 개요와 취지, 연
락처 등을 보내주세요. 머뭇거리지 말고 문을 두드리세요. 길이 열립니다.